भारतीय
ज्ञानपीठ

अमेरिका और यूरप में एक भारतीय मन

(यात्रा-संस्मरण)

अमेरिका और यूरप में एक भारतीय मन

विश्वनाथ प्रसाद तिवारी

भारतीय ज्ञानपीठ

लोकोदय ग्रन्थमाला : ग्रन्थांक 1134
ग्रन्थमाला सम्पादक
रवीन्द्र कालिया
सह-सम्पादक
गुलाबचन्द्र जैन

ISBN 978-93-263-5000-6

अमेरिका और यूरप में एक भारतीय मन
(यात्रा-संस्मरण)
विश्वनाथ प्रसाद तिवारी

पहला संस्करण : 2012
मूल्य : 120 रुपये

प्रकाशक : **भारतीय ज्ञानपीठ**
18, इन्स्टीट्यूशनल एरिया, लोदी रोड, नयी दिल्ली-110 003

मुद्रक : चार दिशाएँ, नोएडा

आवरण चित्र : अवधेश मिश्र
आवरण-सज्जा : ज्ञानपीठ कला प्रभाग

AMERICA AUR EUROPE MEIN EK BHARATIYA MAN
(Travelogue)
by Vishwanath Prasad Tiwari

Published by
Bharatiya Jnanpith
18, Institutional Area, Lodi Road
New Delhi-110 003
e-mail : jnanpith@satyam.net.in, sales@jnanpith.net
website : www.jnanpith.net

First Edition : 2012
Price : Rs. 120

यूरप प्रवास की स्मृति में

पुष्पिता

और

भगवान जी को

कुछ अलग से

18 अप्रैल, 2009 से 6 मई, 2009 तक उन्नीस दिन मैं यूरप में रहा। इस अवधि में मैंने कार, बस और ट्रेन से लगभग चार हजार किलोमीटर की यात्राएँ कीं। इंग्लैंड, नीदरलैंड, जर्मनी, लक्जमबर्ग, फ्रांस और बेल्जियम में। एक व्यक्ति चाहे जहाँ चला जाय, चाहे जिस भी परिवेश में, उसका मन और उसकी अपनी परिस्थितियाँ उसके साथ रहती हैं। वह स्वयं अपनी मानसिक बनावट, अपने संस्कार और अपनी वेदनाओं से मुक्त नहीं रह सकता। भिन्न संसार को वह अपने मनोजगत् की सीमाओं में ही देखता है और अपने परिवेश से उसकी तुलना भी करता चलता है। यूरप की धरती पर मैं भी इसी प्रकार चल रहा था।

यूरप भारत से सुन्दर है या असुन्दर, श्रेष्ठ है या साधारण, सभ्य है या असभ्य, विकसित है या अविकसित, इस पर अलग-अलग लोगों की अलग-अलग राय हो सकती है। मगर इसमें कोई दो राय नहीं हो सकती कि यूरप भारत से भिन्न है। प्रकृति और परिवेश में ही नहीं, लोगों की मानसिकता और जीवन-व्यवहार में भी। दोनों की भिन्नता का मूल आधार दोनों की अलग-अलग जीवन-दृष्टियाँ हैं। इस पुस्तक में आवश्यकता और प्रसंगानुसार इसका विश्लेषण हुआ है। इस अर्थ में यह पुस्तक यात्रा-संस्मरण के साथ ही एक चिन्तन-विश्लेषण भी है।

यूरप में सब कुछ इतना व्यवस्थित, अनुशासित, कटा-छँटा और सजा-सँवरा है कि उसका जंगल भी एक उद्यान जैसा लगता है। वहाँ के मनुष्य ने प्रकृति के अनगढ़, अव्यवस्थित रूप को अपनी कल्पना के अनुसार जो सौन्दर्य दिया है क्या वह प्रकृति की सहज लय में उसका हस्तक्षेप भी कहा जा सकता है? भारत में पहाड़, नदियाँ, जंगल, रेगिस्तान सभी अपने वन्य रूप में हैं। जितना झाड़-झंखाड़ और ऊबड़-खाबड़ उतना ही उस पर कीचड़-कर्दम और धूल-धक्कड़। क्या इसमें मनुष्य के मनोबल और उसकी कल्पनाशीलता की कमी भी लक्ष्य की जा सकती है?

यूरप आर्थिक दृष्टि से सम्पन्न है, अत: वहाँ कोई कुपोषण का शिकार नहीं है। वहाँ के स्त्री-पुरुष-बच्चे स्वस्थ हैं। उन्हें अपनी सुरक्षा और अपने भविष्य की चिन्ता नहीं है, अत: वे अपने वर्तमान में खाते-पीते और मस्त हैं। वे अपनी

स्वतन्त्रता और समानता का खुलकर उपभोग करते हैं। भारत की स्थितियाँ इसके उलटी हैं और दोनों की जीवन-दृष्टियाँ भी अलग हैं। 'अर्थ' और 'काम' तथा चरम पुरुषार्थ के बारे में भारतीय और पाश्चात्य अवधारणा में बहुत फर्क है।

यूरप में लोकतन्त्र अनुशासित और स्वच्छ है, इसलिए वहाँ का सामान्य जीवन भी भ्रष्टाचार मुक्त है। वह ईमानदार और अपने कर्तव्य के प्रति सचेत है। भारत भ्रष्टाचार में आकंठ डूबा हुआ है। यहाँ के नेताओं और प्रशासकों में देशप्रेम का भाव है ही नहीं। यदि भारत की राजनीतिक और प्रशासकीय व्यवस्था स्वच्छ हो जाय तो यहाँ किसी चीज की कमी नहीं है। न प्राकृतिक संसाधनों की, न मानवीय प्रतिभा और कर्मठता की और न ही परम्परागत मूल्यों के दृढ़ आधार की।

यूरप या विदेश में कहीं भी एक भारतीय नागरिक के प्रति आदर भाव है। इसका तात्कालिक कारण भारतीयों की कर्मठता, कुशलता और सच्चरित्रता है। एक और गहरा कारण यह भी है कि एक आस्तिक, आत्मवादी और आध्यात्मिक देश के रूप में भारत की छवि विदेशी मनों में बसी हुई है। विडम्बना यह है कि स्वयं भारत ने अपनी इस मूल्यवान पूँजी को खोकर पश्चिम का ही अनुकरण शुरू कर दिया है। बहुत से लोग यूरप और अमेरिका जाकर वहाँ के जीवन की लय में ऐसे विलीन हो जाते हैं कि उन्हें अपनी संस्कृति विपन्न लगने लगती है और वे भारतीय आचार-व्यवहार के कटु आलोचक बन जाते हैं। मगर ऐसे भी उदाहरण हैं जो पश्चिम से लौटकर भारतीय संस्कृति के साथ और भी प्रगाढ़ भाव से जुड़ गये। श्री अरविन्द ने इंग्लैंड से लौटकर वहाँ की वेशभूषा और विचार भी उतार दिए। महात्मा गाँधी 'हिन्द स्वराज' लिखकर विलायत के सबसे कड़े आलोचक बने। जिनकी जड़ें अपनी मिट्टी में बहुत गहरे धँसी होती हैं वे वृक्ष झंझावतों में टूटते नहीं, बल्कि अपने ही आकाश और वातास में झूमते हुए अपने पर्यावरण को शुद्ध रखते हैं।

प्रस्तुत यात्रावृत्त में कल्पना की हवाई उड़ान और शिल्प की पेचदार बुनावट नहीं मिलेगी। इसमें देखे गये जीवन की वास्तविक धड़कन और सहज लय है। इस सन्दर्भ में राहुल सांकृत्यायन ही मेरे आदर्श हैं। पुस्तक में 'यूरप' की जगह 'यूरप' शब्द का भी प्रयोग किया गया है। ऐसा लिखने और बोलने में सुविधा के लिए है। पुस्तक के कुछ अंश यूरप में तथा कुछ भारत लौटने पर लिखे गये हैं। लिखते समय भी यूरप मन में उपस्थित रहा है। अत: 'यहाँ' और 'वहाँ' शब्दों के प्रयोग में कहीं-कहीं असावधानी दिख सकती है। प्रबुद्ध पाठक इसे समझ लेंगे और क्षमा करेंगे।

—विश्वनाथ प्रसाद तिवारी

02 दिसम्बर, 2009

अनुक्रम

अतलान्त पार से लौटकर

अतलान्त पार से लौटा हूँ।...स्मृतियों की लहर पर लहर पर लहर पर लहर। ...कहाँ से शुरू करूँ? ...सबसे पहले न्यूयार्क का संयुक्त राष्ट्र संघ कार्यालय। दुनिया की महापंचायत का परिसर। प्रवेश करते ही दिखती है एक विशिष्ट कलाकृति। संकेत और सन्देश भरी। एक चबूतरे पर पिस्तौल रखी है जिसकी नाल लोहे की जंजीर से बाँध दी गयी है। हिंसा के विरुद्ध एक छोटा-सा मूर्तिशिल्प है यह, मगर सबको आकृष्ट कर रहा है। क्यों? क्योंकि हिंसा किसी को नहीं चाहिए। बहुत रक्तपात हो चुका है इतिहास की रणभूमि में। अब और नहीं अभी इसी पखवारे (जून—जुलाई 2007) दुनिया की इसी पंचायत ने महात्मा गाँधी के जन्मदिन 2 अक्टूबर को 'विश्व अहिंसा दिवस' मनाने का प्रस्ताव स्वीकार किया है। राष्ट्रसंघ महासभा के 191 सदस्य देशों में 137 ने इस प्रस्ताव के पक्ष में मत दिया है। कुछ ने विरोध भी किया ही होगा। जैसे कि हम लेखकों के बीच भी ऐसे लेखक हैं जो विश्वास करते हैं कि दुनिया को हिंसा के द्वारा ही बदला जा सकता है। ऐसे देशों और लेखकों से यह निवेदन व्यर्थ है कि हिंसा के द्वारा स्थापित व्यवस्था स्वयं अपने को हिंसा से कभी मुक्त नहीं कर सकती। जैसे कि सैनिक क्रान्ति द्वारा गद्दी पर बैठा तानाशाह प्रायः दूसरी सैनिक क्रान्ति द्वारा ही अपदस्थ होता है। आज हिंस्र आतंकवाद एक विकराल दानव की तरह अट्टहास कर रहा है और सारी दुनिया डरी-सहमी है। कब कहाँ बम फट जाय, कौन-सा पुल उड़ जाय, कौन-सी ट्रेन उलट जाय, कौन-सा जहाज गिर जाय, कोई नहीं जानता। जो घर से निकलता है वह और उसके घर वाले तब तक आशंका में रहते हैं जब तक कि वह सकुशल घर न लौट आये। अनिष्ट की आशंका और भय हमारे समय का स्थायी भाव बन चुका है। अपनी न्यूयार्क यात्रा में मैं पग-पग पर इस अनुभव से गुजर रहा हूँ। पहले तो जब वीजा लेने गया तभी अमेरिकी दूतावास की अभेद्य व्यवस्था देखकर दंग रह गया। दूतावास के बाहर के फुटपाथ तक पर खड़ा होना वर्जित था। सामने तथा बगल की सड़क को ऐसे

अवरुद्ध किया गया था कि गाड़ियों को शून्य की गति से सर्प जैसी चाल से मोड़ते हुए ही बढ़ा जा सके। दूतावास के बाहर और भीतर कड़ी सुरक्षा, अति सतर्कता और चुस्त अनुशासन को देखकर उसके भयग्रस्त मनोविज्ञान का अनुमान लगा लेना स्वाभाविक था। ...न्यूयार्क के लिए उड़ान भरने के पहले दिल्ली के इन्दिरा गाँधी हवाई अड्डे और यात्रा पूरी करने के बाद न्यूयार्क के कैनेडी हवाई अड्डे पर तो कड़ी छानबीन से गुजरना ही था, बीच में लन्दन के हीथ्रो हवाई अड्डे पर इधर से जाते और उधर से आते जो दो-दो घंटे का अर्धविराम था, वह भी जाँच पड़ताल में ही गुजर गया। बल्कि हीथ्रो हवाई अड्डे के पड़ाव पर होने वाली छानबीन कुछ ज्यादा ही सख्त और आतंकित करने वाली थी। यात्रारम्भ और यात्रान्त के बीच यह जाँच क्यों थी, समझ में नहीं आया। हीथ्रो की इस पड़ताल प्रक्रिया में यात्रियों को लगभग दो किलोमीटर का चक्कर लगा ही लेना होता है। थके-माँदे पंक्तिबद्ध यात्री के जूते तो उतरवाए ही जाते हैं, उसे कोट-जैकेट-स्वेटर आदि भी उतारने पड़ते हैं। मेरे आगे खड़ी एक युवती को जब अपना स्वेटर उतारना पड़ा तो उसकी पीठ लगभग नंगी हो गयी, जो सुन्दर तो लग रही थी पर यदि उस युवती ने अपनी इच्छा से अपना स्वेटर उतारा होता तो उसकी पीठ कुछ ज्यादा ही सुन्दर लगती। मैं तो बहुत डर रहा था क्योंकि चूने में खाने वाले तम्बाकू के दर्जनों पैकेट मेरे बैग में थे। कहीं इसे ड्रग न समझ लिया जाय। पर प्रभुकृपा से ऐसा कुछ नहीं हुआ। लेकिन मेरा यह विश्वास तो दृढ़ हुआ ही कि हिंसा न केवल कमजोर को, बल्कि ताकतवर को भी डराती है। बल्कि जहाँ ताकत जितनी ही केन्द्रीभूत होती है वहाँ भय भी उतना ही घनीभूत होता है। समता, स्वाधीनता और धन तथा शक्ति का विकेन्द्रीकरण ही अहिंसा और अभय की ओर ले जाता है, ले जा सकता है।

दिल्ली से न्यूयार्क की यात्रा निश्चय ही एक असुविधाजनक और उबाऊ यात्रा है। दूरी इतनी अधिक (लगभग 15 हजार किलोमीटर) है कि 16 घंटे तो विमान को ही आकाश में उड़ना होता है। बीच में दो घंटे का विराम (स्टोपेज) और फिर दो-तीन घंटे की लेट लतीफी भी। यदि इसमें तीन घंटे पहले हवाई अड्डे पहुँचने का और यात्रा समाप्ति पर एक घंटा बाद हवाई अड्डे से निकलने का समय भी जोड़ लिया जाय तो कहा जा सकता है कि 24 घंटे से ज्यादा ही वक्त लग जाता है। यह समय विशेष भारी इसलिए हो जाता है कि इसमें कैदी की तरह एक ही स्थान पर और लगभग एक ही मुद्रा में बैठे रहना पड़ता है। ऊपर से वायुयात्रा में अनिष्ट का भय इसे और भी बोझिल तथा तनावपूर्ण बनाये रखता है। बहरहाल, यह तो हवाईयात्राओं की सहज विवशता है।

बुधवार, 11 जुलाई, 2007। यह कुछ वर्षों पूर्व हुए बम्बई बम विस्फोट

कांड का वह काला दिन भी है जिसमें 187 लोग मारे गये थे। आज प्रातः 8 बजे दिल्ली से एयर इंडिया के विमान से उड़कर हम आज ही 5 बजे सायंकाल न्यूयार्क पहुँच गये हैं। हमारी घड़ी रात के तीन बजा रही है और कैनेडी हवाई अड्डे की घड़ी में शाम के पाँच। दस घंटे का समय बीच में गायब हो चुका है। यह भूमंडल की चक्रीय व्यवस्था का चमत्कार है कि भारत का समय अमेरिका से 10 घंटे आगे होता है। ...कैनेडी हवाई अड्डे पर जो टेलीविजन लगा है उस पर लेडी जान्सन, जो कभी अमेरिका की प्रथम महिला थीं, के निधन की खबर प्रसारित हो रही है। ...आकाश में बरसने को आतुर मेघ घिरे हुए हैं। यह मेघाच्छन्न आकाश और धुन्धभरा क्षितिज ठीक वैसा ही दिख रहा है जैसा कि भारत में भी दिखता है। जाँच-पड़ताल की प्रक्रिया से मुक्त होकर जब हम अपना सामान लेकर बाहर निकलते हैं, रिमझिम बारिश शुरू हो गयी है। घिरे हुए या बरसते हुए मेघ चाहे जहाँ हों, मुझे बहुत प्रीतिकर लगते हैं। ...बाहर विद्याभवन, न्यूयार्क के लोग हम लोगों को ले जाने के लिए आये हैं। वे सबको एक जगह इकट्ठा कर रहे हैं ताकि उन्हें एक ही साथ बस से ले जाया जा सके। ओम थानवी का कहना है कि विद्याभवन वालों की व्यवस्था में विलम्ब होगा। अतः हमें टैक्सी लेकर चल देना चाहिए। हम आठ लोग हैं—छः साहित्य अकादेमी और दो विदेश मन्त्रालय के प्रतिनिधि मंडल से। सर्वश्री ओम थानवी, कन्हैयालाल नन्दन, उदय प्रकाश, मृदुला गर्ग, विजय किशोर मानव, प्रत्यूष गुलेरी, साहित्य अकादेमी के उपसचिव आर.के. शर्मा और मैं। एक अश्वेत नीग्रो से रैडिशन होटल पहुँचाने के लिए 120 डालर में बात तय होती है। वह हमें अपनी लम्बी काले रंग की चमचमाती लिमोजिन कार के पास ले जाता है जिसे देखकर चकित हो गये थानवी कहते हैं, ''इस गाड़ी में तो बैठने के लिए ही तीस डालर दे देना चाहिए।'' इतनी लम्बी गाड़ी में बैठने का मुझे भी पहला ही अवसर मिल रहा है। टेलीविजन पर दिल्ली के राष्ट्रपति भवन परिसर में कभी-कभी ऐसी गाड़ी दिखाई पड़ती है। टैक्सी ड्राइवर मुस्कराते हुए मेरी ओर देखता है और मेरी वेशभूषा (धोती-कुरता) देखकर मुझे 'मिस्टर गाँधी' कहकर सम्बोधित करता है। जरूर उसने गाँधी का चित्र देखा होगा या हो सकता है उसने एटनबरो की फिल्म देखी हो। मैं रोमांचित हो जाता हूँ कि सात समुन्दर पार जो पहला अभारतीय मिला वह 'गाँधी' का नाम ले रहा है। गाँधी ही मेरे भी आदर्श पुरुष हैं। जब 'दस्तावेज़' का 100वाँ अंक निकल रहा था तो मेरे सामने समस्या थी कि यह ऐतिहासिक अंक किस पर केन्द्रित करूँ। सभी लेखकों-विचारकों को छोड़कर मैंने अपनी साहित्यिक पत्रिका का अंक गाँधी पर ही केन्द्रित किया। मगर इस समय तो इतने महान् व्यक्ति के साथ अपने को जोड़े जाने से संकुचित और दयनीय महसूस कर रहा हूँ। उसने

भी मेरे बाहरी रूप से ही मुझे गाँधी के साथ जोड़ा है। उदय प्रकाश जवाब में उसे भी 'नेल्शन मंडेला' कहकर सम्बोधित करते हैं। सचमुच उसका भी बाह्य रूप मंडेला जैसा ही है। ...हाँ, तो मंडेला की कार में अन्दर बार (Bar) सजा हुआ है। उसमें तीन तरफ से बैठने के लिए सोफे और सामने शीशे की मेज पर बिस्कुट, नमकीन तथा पानी, सोडा और शराब की बोतलें रखी हैं। यह कार क्या है एक चलता-फिरता बार है। थानवी से मेरी पहली भेंट है, लेकिन उनका उन्मुक्त, मुखर और घुलनशील व्यक्तित्व मुझे बहुत दिनों का परिचित और आत्मीय लगता है। कार में उनकी जिह्वा रास्ते भर मुखर रहती है। रैडिशन होटल पहुँचकर जब हम कार से उतरते हैं, वह ड्राइवर (या मालिक, जो भी हो) मुझे अपनी बाँहों में भरकर पुन: 'मिस्टर गाँधी' कहकर विदा करता है। फिर तो थानवी मेरा नाम ही 'गाँधी जी' रख देते हैं। पूरे न्यूयार्क प्रवास में जब भी उनका साक्षात् होता है, वे मुझे 'गाँधी जी' कहकर ही सम्बोधित करते हैं।

हवाई अड्डे से न्यूयार्क शहर को जाते हुए भारत से अन्तर कुछ-कुछ झलकने लगता है। खास तौर से स्वच्छता के मामले में। और हाँ, इस अर्थ में भी कि सड़क पर हमारी गति रोकने वाला न कोई आदमी है, न जानवर। बस केवल कारें और कारें। यह न्यूयार्क का बाहरी इलाका है। हवाई अड्डे के आसपास का। प्राय: दो-तीन मंजिले भवन हैं। गिरिजाघर के स्थापत्य वाले। छतें तिकोनी जैसे की बर्फ से बचाव के लिए पर्वत प्रदेशों में होती हैं। दो भवनों के बीच में आठ-दस फीट की खुली गलियाँ हैं जिनमें कारें खड़ी हो सकें और दोनों ओर भवनों में हवा की आवाजाही रहे। खिड़कियाँ लगभग चौकोर हैं जिनकी लम्बाई उनकी चौड़ाई से थोड़ी-सी ज्यादा है। खिड़कियों की ऐसी बनावट मैंने लन्दन में भी लक्ष्य की है। कुछ पतले-पतले वृक्ष और छरहरी वनस्पतियाँ भी हैं। लगभग पैंतीस-चालीस मिनट बाद हम मैनहट्टन (Manhattan) पहुँच जाते हैं जो न्यूयार्क का हृदय कहा जाता है और इस विश्वप्रसिद्ध नगर का सबसे महत्त्वपूर्ण क्षेत्र है। यह न केवल न्यूयार्क, बल्कि अमेरिका का सबसे बड़ा व्यापारिक, वित्तीय और सांस्कृतिक केन्द्र है। इसी के लेक्सिंक्टन एवेन्यू के 48वीं स्ट्रीट पर है रेडिशन (Radisson) होटल जहाँ हमारे रुकने की व्यवस्था है। मुझे खुशी है कि यहाँ भी मेरा दिशाज्ञान बिल्कुल दुरुस्त है। मेरे साथ ऐसा अपवादस्वरूप ही घटित होता है जब मैं दिग्भ्रमित हो जाऊँ।

होटल में हम सबको अलग-अलग मंजिलों पर अलग-अलग कमरे दिए हैं। एक ही मंजिल पर सबके लिए कमरे माँगने पर होटल के व्यवस्थापक असमर्थता जाहिर करते हैं। मुझे 25वीं मंजिल पर 15 नम्बर का कमरा मिला है। मैं पहले तो अपने कमरे का मुआइना करता हूँ और सामान पहुँचाने वाले होटल

कर्मचारी से जरूरी संकेत लेता हूँ। अपने साथियों से अलग 25वीं मंजिल के इस कमरे में अकेलापन भय का संचार कर रहा है। हे प्रभु, कहाँ फँस गया मैं। अब तक जो यात्रा की यातना झेलता रहा हूँ उससे तो अच्छा था घर पर अपने कमरे में शान्त-सुखी पड़ा रहता। कुछ वर्षों पूर्व रूस से लौटने के बाद मैंने हवाईयात्रा न करने का निर्णय लिया था। लेकिन...। फिर उसी बेवफा पे मरते हैं, फिर वही जिन्दगी हमारी है। मैं विजयकिशोर मानव, जिन्हें ग्यारहवीं मंजिल पर ग्यारह नम्बर का कमरा मिला है, को फोन करके बुलाता हूँ। मानव जी के साथ एक पारिवारिक आत्मीयता महसूस कर रहा हूँ। उनके आने से बल मिलता है। उनसे अपनी मनोदशा बताता हूँ और कमरे के बारे में भी, कि इस पलँग पर तो मेरा सोना मुश्किल है। वह इतनी स्प्रिंगदार है और बिस्तर—तकिए इतने गद्देदार और मुलायम हैं कि मुझे फर्श पर ही चादर बिछाकर सोना पड़ेगा मुझे अपने रूस प्रवास की याद आयी जहाँ ठीक इसी तरह के पलँग और बिस्तर थे। परिणामतः मास्को और सेंटपीट्सबर्ग में मुझे अठारह दिनों तक फर्श पर ही सोना पड़ा। यहाँ होटल में अलग से पीने का पानी नहीं मिलता। आप चाहें तो अलग से खरीदना होगा। कुछ देर पहले मृदुला गर्ग ने बताया कि उन्होंने पाँच डालर में दो लीटर पानी खरीदा है। हम लोगों को यह बहुत मँहगा लगा। बाद में ओम थानवी ने बताया कि पास की ही एक दुकान पर दो लीटर पानी दो डालर में मिल जाएगा। मानव जी उस दुकान पर जाना चाहते थे, पर मैंने यह कहकर मना किया कि रात ज्यादा हो गयी है और पहला दिन होने के कारण अभी हम लोग यहाँ से एकदम अनजान हैं। इसके पहले मैं सुन चुका था कि अमेरिका में कभी-कभी अश्वेत लोग विदेशियों के गले पर पिस्तौलें लगाकर सारा सामान ले लेते हैं। दिल्ली में किसी ने बताया था कि साहित्य अकादेमी के पूर्व सचिव, के. सच्चिदानन्दन के साथ भी एक ऐसी ही घटना हो चुकी है। अमेरिका में शस्त्रों का लाइसेंस नहीं लेना पड़ता, अतः कोई भी बन्दूक, रिवाल्वर, पिस्तौल आदि हथियार मिठाई, समोसे की तरह खरीद सकता है। इसीलिए हम लोग रात में कहीं जाने में डर रहे थे और इसी कारण किसी भारतीय होटल की तलाश भी नहीं कर सके। और अन्त में भारत से मैं जो भूजा (लइया) ले गया था, उसे ही नमक के साथ खाकर और दो-दो घूँट पानी पीकर हमें सन्तोष करना पड़ा। वैसे यात्रा की थकान के कारण हमारी भूख मर गयी थी। विमान में निष्क्रिय बैठे-बैठे भोजन-जलपान करने से भी मन भर गया था। रात लगभग ग्यारह बजे मानव जी को अपने कमरे से विदा कर मैं एक हल्की-सी नींद की गोली खाकर उसी स्प्रिंगदार पलँग पर लिहाफ ओढ़ ऐसे पड़ गया जैसे भयभीत शुतुरमुर्ग अपनी गर्दन रेत में गड़ाकर निढ़ाल

हो जाता होगा। अब जो होना हो सो हो, मुझे कुछ नहीं सोचना। जिस अदृष्ट ने मुझे यहाँ पहुँचा दिया, सोचे वही।

तीन बजे रात को नींद खुल गयी। नींद इतनी गहरी थी कि दुबारा सोने का प्रयत्न अनावश्यक लगा। मैंने आँख-मुँह धोकर, नीम की दातून करने के बाद कमरे में अपना सामान व्यवस्थित किया। अब नये परिवेश का भय गायब हो चुका था और मैं चिन्तामुक्त। तैयार होकर भूतल (ग्राउंड फ्लोर) पर नाश्ते के लिए गया जहाँ गुलजार, पुष्पा भारती, विश्वनाथ सचदेव, नन्दकिशोर नौटियाल आदि दिखे। हम लोगों का शाकाहारी नाश्ता लगभग तय ही था जिसके बाद हम—मैं, उदय प्रकाश, मानव और गुलेरी, नगर भ्रमण के लिए निकले। हमने फुटपाथों पर टहलते हुए कई सड़कों के निरुद्देश्य चक्कर लगाए। यहाँ पैदल चलने वालों के लिए सड़कों के दोनों किनारे चौड़े-चौड़े (10 से 25 फुट तक) फुटपाथ बनाये गये हैं जिन पर न्यूयार्क का सहज जीवन अहिर्निशि बहता रहता है। इन फुटपाथों के मानव-प्रवाह के बिना यहाँ जीवन की कल्पना केवल कारों के रूप में ही सम्भव होगी। ...सड़कें स्वच्छ हैं जैसे धुली हुई, चमाचम। यातायात व्यवस्था इतनी व्यवस्थित कि किसी अतिरिक्त व्यवस्था की जरूरत ही नहीं। जैसे सब कुछ स्वत:चालित हो। सड़कें पटी हैं कारों से, मगर शोर नाम मात्र का। गाड़ी का हार्न कोई बजाता ही नहीं। जैसे वह गाड़ी में हो ही नहीं या ड्राइवर उसे बजाना ही भूल चुके हों। सड़क के दाएँ चलने का नियम है। ड्राइविंग भी लेफ्ट नहीं, राइटहैंड है।

यह शहर सुनियोजित ढंग से बसाया गया है। नाक की सीध में सड़कें और थोड़ी-थोड़ी दूर पर उनको काटती हुई सीधी-सीधी स्ट्रीट्स। एवेन्यूज और स्ट्रीट्स का नम्बर याद हो तो किसी के भी भूलने की कोई आशंका नहीं। यहाँ मुझे बताना चाहिए कि पूरा न्यूयार्क शहर पाँच बारोज (Boroughs) में विभक्त है—Bronx, Brooklyn, Manhattan, Queens और Staten। ये सभी द्वीप हैं जिन्हें एक-दूसरे से पुलों और सुरंगों (Tunnels) के द्वारा जोड़ा गया है। हडसन और ईस्ट रिवर (East River) नाम की दो नदियाँ यहाँ समुद्र में मिलती हैं जिनसे इस शहर के द्वीपों को आकार मिला है। अज्ञेय की प्रसिद्ध कविता याद आती है—"हम नदी के द्वीप हैं/हम नहीं कहते कि हमको छोड़कर स्रोतस्विनी बह जाय/वह हमें आकार देती है।" हडसन नदी शहर के पश्चिम में है इसलिए सम्भवत: पूरब की नदी को 'ईस्ट रिवर' संज्ञा मिल गयी है। जहाँ हम ठहरे हुए हैं वह मैनहट्टन द्वीप है जो 13.3 मील लम्बा और 2.3 मील चौड़ा है। यही न्यूयार्क का सबसे प्रसिद्ध और खूबसूरत क्षेत्र है जहाँ अधिकांश दर्शनीय स्थल हैं। इस द्वीप को एवेन्यूज और स्ट्रीट्स में विभाजित किया गया है। एवेन्यूज उत्तर से दक्षिण को जाती हैं और स्ट्रीट्स पूरब से पश्चिम को। गाड़ियाँ प्राय: एक तरफा (One way) चलती हैं। पूरब को जाने वाली स्ट्रीट्स का नम्बर दुरुच में (जैसे 2, 4, 6, 8 आदि) होता है तथा पश्चिम को जाने वाली स्ट्रीट्स का od Number (जैसे 3, 5, 7, 9, आदि) में। ऐसी आदर्श सड़क व्यवस्था में न दुघर्टना की सम्भावना होती है, न किसी के रास्ता भूलने की। पता नहीं क्यों, मुझे यह शहर नयी दिल्ली की अपेक्षा ज्यादा आत्मीय और पूर्वपरिचित-सा लग रहा है। लन्दन की ही तरह। यहाँ किसी भी सड़क या किसी भी स्ट्रीट पर कहीं भी खड़े हो जाइए और आगे या पीछे किसी तरफ देखिए—सामने आकाश दिखाई पड़ेगा। आपको सड़क या स्ट्रीट की चौड़ाई में लम्बा तना आकाश। जैसे क्षितिज के कैनवस पर आकाश की कोई पेंटिंग टँगी हो और उसके परे जैसे लगता है पृथ्वी खत्म हो गयी हो या आगे कोई नदी या समुद्र हो। पूरे शहर में गगनचुम्बी अट्टालिकाएँ। ऊँचाई इतनी कि किसी भी भवन के नीचे खड़े हो कर उसके ऊपर की आखिरी मंजिल न देखी जा सके। पचास-साठ से लेकर सौ से भी अधिक मंजिलों वाले भवन। मगर कमाल यह कि मैनहट्टन के इन गगनचुम्बी भवनों के बीच सड़कों—फुटपाथों पर सुन्दर धूप खिली है और हवा उन्मुक्त हिलोरें ले रही है। नगर के योजनाकारों ने इसका खास ध्यान रखा होगा। भवनों का स्थापत्य एकदम सादा है। न कोई अलंकृति न पच्चीकारी। कुछ लम्बाई लिए हुए चौकोर खिड़कियाँ—दरवाजे और लगभग सब में शीशे लगे हुए। भवनों के रंग बहुत हल्के। भूरे या श्यामल, सुनहले या पीले। मगर चटक नहीं। जुलाई के इस दूसरे हफ्ते (12 जुलाई, 2007) मौसम सुहावना। सूरज रात में आठ-साढ़े आठ बजे डूबता है और सुबह पाँच बजे निकल जाता है। तापमान सामान्य से कम। न धूल, न कीचड़, न पसीना, न मच्छर। 'रेनु न पंक सोह अस धरनी। नीति निपुन नृप कै जस करनी।।' (तुलसीदास)। ...फुटपाथों पर पतले-ठिगने वृक्ष, वनस्पतियाँ। सभी देशों के स्त्री-पुरुष, चीनी, जापानी, यूरोपीय, भारतीय आदि। वैसे पूरा न्यूयार्क या शायद अमेरिका काले और गोरे का तो एक विचित्र संगम है ही। कार्यालय, दुकान, सड़क आदि सब जगह श्वेत के साथ अश्वेत भी। मगर यहाँ मुझे यह भी कहना चाहिए कि न्यूयार्क के स्थापत्य में वह भव्यता और गरिमा नहीं है जो कि रूस के पीतेर बुर्ग (सेंट पीट्सबर्ग) में। दोनों शहर लगभग एक ही साथ के बसे हैं अर्थात् 300 वर्ष पूर्व, दोनों समुद्र तट पर हैं, पर पीट्सबर्ग का आकर्षण कुछ और ही है, यह एक रहस्य है। मुझे लगता है कि मनुष्य के भीतर एक सपना होता है—एक आदिम स्वप्न जो उन्मुक्त में अपना आश्रय पाता है, बन्धन और बनावट में नहीं। जिसे भारतीय ऋषियों ने 'भूमैव सुखम्' कहा है। न्यूयार्क बेशक सुन्दर है, मगर एक सीमा में बँधा हुआ लगता है जबकि सेंट पीट्सबर्ग अनन्त की गोद में खिला हुआ। निस्सन्देह सामन्तवाद शोषक था, क्रूर था, विलासी था, मगर यह भी सच है कि वह पूँजीवाद की तरह

व्यावसायिक, उपयोगितावादी और आत्मकेन्द्रित नहीं था। शायद इन विशेषताओं के कारण ही सामन्तवादी कला में एक आकर्षक भव्यता दिखाई पड़ती है। कला के सन्दर्भ में उपयोगितावाद और आनन्दवाद या दूसरे शब्दों में प्रयोजन और प्रयोजनातीत की चर्चा हुई और होती रही है। निस्सन्देह उपयोगितावाद में वह विराटता, भव्यता और गरिमा नहीं होती क्योंकि वह दृष्टि को सीमित करता है। प्रसंगवश उस भवन की याद आती है जिसे मोतीलाल नेहरू ने नाम ही दिया था 'आनन्दभवन'। आज के नेताओं के पास अकूत सम्पदा है और कइयों ने करोड़ों—अरबों खर्च करके अपने निवास बनाए हैं पर उनमें से कोई 'आनन्दभवन' की भव्यता प्राप्त नहीं कर सकता। यही अन्तर सेंटपीट्सबर्ग और न्यूयार्क में है। मैं थोड़ा बहक रहा हूँ मगर मुझे यह भी बताना चाहिए कि मानवीय सौन्दर्य की दृष्टि से भी अमेरिका उतना सम्पन्न नहीं है। कुछ अमेरिकी स्त्री-पुरुष, लड़कियाँ और लड़के अवश्य ही सुन्दर लगते हैं पर अधिकांश की काया बेडौल है। मोटापा यहाँ एक रोग की तरह है। स्त्री और पुरुष दोनों में। मोटापे का सम्बन्ध आर्थिक समृद्धि से है। 'द फैटनिंग अमेरिका' नामक पुस्तक में सहलेखक एरिक फिंकेलस्टीन जो अर्थशास्त्री हैं, ने बताया है कि किसी देश की अर्थव्यवस्था जब मजबूत होती है तो उस देश में मोटे लोगों की संख्या में वृद्धि दिखाई पड़ती है। बात सच है। जो देश कुपोषण और भूखमरी से पीड़ित होंगे वहाँ तो हड्डियों का ढाँचा ही दिखाई पड़ना स्वाभाविक है। मगर बेडौल होने से क्या फर्क पड़ता है! जो है, उसी का उत्सव मनाया जाना चाहिए। इसलिए अर्द्धनग्न रूप—जाल चारों ओर उघरा है। एक महिला हमारे आगे अपने कदली स्तम्भ जैसी जाँघों का प्रदर्शन करते हुए वीरभाव से चल रही है। उस गजगामिनी की एक जाँघ का मुकाबला दो कदली स्तम्भ ही कर पाएँगे। ...हम चलते-चलते थक कर एक बेंच पर बैठ सुस्ताने लगते हैं। तब तक एक महिला जो बहुत तेजी से जा रही है अचानक रुक जाती है और हमारे पास आकर कहती है, ''मैं इनकी (मेरी ओर इशारा करके) धोती और आप लोगों को देखकर रुक गयी। आप लोग भारत से आये हैं न? मेरा नाम चन्द्रिका है। मैं केरल की हूँ और बम्बई (या शायद ग्वालियर बताया उसने) में ब्याही हूँ। मुझे आप लोगों को देखकर बहुत खुशी हुई। मैं अपने को रोक न सकी।'' वह महिला साड़ी में थी और उसने हम सबसे हाथ मिलाया। उसका सहसा रुकना और झटके से निकल जाना कोबलम की लहर की तरह था।

सूरज सिर पर आ गया था। एक चौड़े से फुटपाथ पर सैकड़ों लोग बैठे या खड़े, हाथ में थामे अपना-अपना भोजन कर रहे थे। लड़कियाँ-लड़के, जवान-बूढ़े, अनेक देशों के अनेक रूपों वाले। हमने भी भोजन के लिए पास में ही एक

भारतीय या बंगलादेशी होटल तलाश लिया। दो सब्जी-रोटी-चावल वाली एक साधारण थाल 8 डालर में। उदय प्रकश और गुलेरी ने ढाई-ढाई डालर में कटोरी भर खीर लिया। भारत में होते तो यह सब कुछ अधिकतम पचास रुपये में मिल जाता। यहाँ भारतीय रुपये में पाँच सौ बीस का। भारत की तुलना में अमेरिका बहुत मँहगा है। एक लीटर पानी एक डालर अर्थात् चालीस रुपये में। एक आम की कीमत भी एक डालर। यहाँ कोई ऐसी चीज नहीं जो हमारे लिए महँगी न हो। लेकिन हमारे हिसाब से ऐसा है क्योंकि हमारा रुपया डालर के मुकाबले कमजोर है। अमेरिका के हिसाब से सोचें तो यहाँ सब कुछ सस्ता है। होटल और टैक्सी तो बेहद सस्ते। हम जिस कमरे में हैं उसका किराया है डेढ़ सौ डालर रोज अर्थात् छः हजार रुपये। इतने महँगे कमरे तो हमारे गोरखपुर में हैं। इसी प्रकार टैक्सियाँ भी चार-पाँच डालर में यहाँ कई किलोमीटर (अमेरिका में 'किलोनीटर' की जगह 'मील' चलता है।) पहुँचा देती हैं। मीटर सब में लगे हैं, आपको रसीद भी देंगीं। मैंने लक्ष्य किया कि यहाँ के अंक गणित में 9 की संख्या विशेष प्रचलित लगती है, जैसे हमारे कमरे का किराया है 150 की जगह 149 डालर। इसी प्रकार एक स्टोर में मैंने देखा, कीमतों के जो स्टीकर लगे थे वे प्रायः दस की जगह 9 की संख्या वाले थे। जैसे—19, 29, 39 या 1.29, 2.59, 3.99 आदि।

सायंकाल 6 बजे उदय प्रकाश के एक परिचित द्वारा भेजी गयी एक अमेरिकी महिला आयी जिसका नाम है Stephanie Palau। यह एक सामाजिक कार्यकत्री हैं जो Children's नामक 'अन्तरराष्ट्रीय संस्था' (N.G.O) के उत्तर-पूर्व क्षेत्र की निदेशिका हैं। यह बहुत ही उत्साही, परिश्रमी और विनम्र हैं। प्रसंगवश यहाँ कह दूँ कि अमेरिकी लोगों के बारे में यह गलत धारणा है कि वे अहंकारी और हिंसक होते हैं। मैंने यहाँ अनुभव किया कि वे विनम्र और सहयोगी हैं, अनुशासनबद्ध हैं। हर जगह अपनी बारी की प्रतीक्षा करते हैं। हम लोगों की तरह धक्का-मुक्की करते हुए आगे निकलने की कोशिश नहीं करते। पाँच दिन जमकर काम करते हैं और वीकऐंड (शनिवार) मौज-मस्ती में गुजारते हैं। इस दिन धनतेरस जैसा माहौल होता है। रविवार को सन्नाटा रहता है।...केवल एक रात को मैंने दो-तीन अमरीकियों को शराब पीकर सड़क पर हुल्लड़ मचाते देखा। उनमें एक महिला भी थी। वैसे प्रायः वे अपने काम में मस्त दिखाई पड़े। सम्भव है बाहर के लोगों में उनके प्रतिकूल धारणा अमेरिकी सत्ता के तानाशाही आचरण को देखकर बनी हो। लेकिन सत्ता के प्रति अपनी धारणा को जनता पर लागू नहीं किया जा सकता। यहाँ की जनता क्या अपनी ही सत्ता की नीतियों का विरोध नहीं करती? ...बहरहाल, Stephanie Palau ने हमें न्यूयार्क के प्रसिद्ध स्थलों की सुखद यात्रा करायी। वह हमें टाइम स्क्वेयर, एम्पायर एस्टेट बिल्डिंग, जीरो ग्राउंड (यह वर्ल्ड ट्रेड सेंटर

के ध्वस्त हो जाने के बाद उसको दिया गया नया नाम है), स्टैच्यू ऑफ लिबर्टी तक ले गयी और रात में 11 बजे हमें हमारे होटल छोड़कर ही अपने निवास लौटी। हम लोग पैदल ही टाइम स्क्वेयर और एम्पायर एस्टेट बिल्डिंग गये। वर्ल्ड ट्रेड सेंटर के गिर जाने के बाद एम्पायर एस्टेट ही इस समय न्यूयार्क का सबसे ऊँचा भवन है। इस पर चढ़कर पूरे न्यायार्क का मोहक दृश्य एक साथ देखा जा सकता है। यह 102 मंजिल का तथा 1400 फुट ऊँचा है। यहाँ से हम लोगों ने सबवे (Sub Way) का टिकट लिय़ा और जीरो ग्राउंड गये। न्यूयार्क का सबवे सौ साल पुराना है। इसके मटमैले और उदास रूप को देखकर लगा कि इसके रखरखाव पर ध्यान नहीं दिया जा रहा है। आखिर यह है भी तो मध्यवर्ग के ही उपयोग का। बड़े लोग तो लम्बी चमचमाती गाड़ियों से चलते हैं।...जीरो ग्राउंड को चारों ओर से टिन की ऊँची चादरों से घेर दिया गया है। गेट पर भी ताला रहता है। भीतर दो–चार सुरक्षाकर्मी बैठे हुए हैं। इसे इस रूप में देखकर मन उदास हो गया। एक समय का यह भव्य सुवर्णमय दीप्त संकुल आज अँधेरे में खामोश पसरा हुआ है।... यहाँ से हम लोग पैदल टहलते हुए हडसन नदी के किनारे पहुँचे जहाँ से स्वतन्त्रता की देवी की प्रतिमा (The Statue of Liberty) दिखाई पड़ रही थी। यह प्रतिमा अमेरिका की सबसे प्रसिद्ध, महत्त्वपूर्ण और दर्शनीय धरोहर है जैसे आकाश की चारों ओर ऊर्ध्वगमन करती कोई जलपरी हो। इसकी ऊँचाई 151 फीट है तथा इसे जिस स्तम्भ पर स्थापित किया गया है वह 154 फीट ऊँचा है। जल के पार एक किनारे न्यूजर्सी नगर की बत्तियाँ जगमगा रही हैं। न्यूजर्सी में भारतीयों की संख्या बहुत अधिक है। ...रात के दस बज गये हैं। अब हम वापस लौटने के लिए किसी टैक्सी की तलाश में हैं। मगर कोई तैयार नहीं हो रही है। सवारी उतारने के लिए एक टैक्सी रुकती है जिसका चालक संयोग से एक भारतीय सिख है। पहले तो वह भी मना कर देता है, पर यह कहने पर कि 'सरदार जी, आप हमारे देश के हैं, क्या हमारे लिए इतना भी नहीं कर सकते'...वे तैयार हो जाते हैं। रास्ते में कहते हैं, ''मैं आप लोगों के लिए नियम तोड़ रहा हूँ। यदि देख लिया जाऊँगा तो भारी जुर्माना चुकाना होगा।'' ज्ञातव्य है कि अमेरिकी टैक्सियों में चार व्यक्तियों से अधिक के बैठने की इजाजत नहीं है, जबकि हम लोगों की संख्या पाँच है।

टैक्सी से उतर कर हम भोजन के लिए पास के दरबार होटल पहुँचते हैं। अन्दर जाने पर देखते हैं कि दिन में जो खाने का रेस्तराँ था रात में वह पीने के बार (Bar) में बदल चुका है। 'अब भोजन नहीं मिलेगा'—सुनकर हम बाहर निकल ही रहे हैं कि रेस्तराँ मालिक का छोटा भाई आता है और हमें बैठने को कहता है। वह भीतर जाकर चार आदमियों का भोजन बँधवा कर एक झोले में हमारे

पास लाता है—प्लास्टिक की थाली, कटोरी-चम्मच सहित। जब हम कीमत पूछते हैं तो वह अपने भाई के पास जाता है और लौटकर बताता है कि इसके पैसे नहीं लेंगे। हम लोग चकित होकर उसके भाई के पास जाते हैं। उससे बहुत आग्रह करते हैं पर वह पैसे नहीं ही लेता। बल्कि वह अपने मोबाइल से हमारे एक सहयात्री को उसके घर मुफ्त में बात भी कराता है। उसके व्यवहार से अभिभूत हम उसके प्रति कृतज्ञता प्रकट करते हैं। उसका नाम 'मानिक' है जो बम्बई का रहने वाला है और अपने छोटे भाई 'बिकी' के साथ यहाँ होटल चला रहा है। भोजन लेकर रात ग्यारह बजे जब हम अपने होटल पहुँचते हैं तो वहाँ ओम थानवी हमारी प्रतीक्षा में बैठे हैं। अपनी मस्ती में वे घंटे भर लाउंज में ही बतियाते हैं, फिर उदय प्रकाश के कमरे में हम साथ ही भोजन करते हैं। थानवी के पैर में दर्द है, फिर भी वे पैदल ही अपने होटल (यू एन प्लाजा) लौटने के लिए तैयार हैं।...रात एक बजे मैं अपने कमरे में लौटता हूँ। इस समय भी सामने की अट्टालिकाओं में जगमग प्रकाश है। यह अमेरिका का वाणिज्य केन्द्र है, जैसे भारत का बम्बई। नीचे सड़क पर कुछ गाड़ियाँ रेंगती नजर आ रही हैं। बिजली यहाँ कभी नहीं गुल होती। यह वह शहर है जो कभी नहीं सोता—The city that never sleeps.। ...आज के देखे हुए दृश्य और घटनाएँ मन में घूम रही हैं जिनमें सबसे ऊपर है चन्द्रिका की, उस सिख ड्राइवर की, मानिक और बिकी की स्मृति। अपनी धरती, अपनी भाषा और अपने लोग कभी नहीं भूलते। जितने ही दूर होते जाते हैं, उतना ही कस कर खींचते हैं। 'त्यों त्यों धस्यौ जात मन मुकुर हमारे तैं'। देशप्रेम कोई मिथक नहीं, वास्तविकता है। आदि कवि ने सही लिखा है—'जननी जन्मभूमिश्च स्वर्गादपि गरीयसी।'

13 जुलाई, 2007। हम संयुक्त राष्ट्र संघ मुख्यालय परिसर में हैं। इस भूमि को अन्तर्राष्ट्रीय भूमि का दर्जा प्राप्त है। यहाँ खड़े होने का मतलब है कि हम न्यूयार्क के बाहर एक अन्तर्राष्ट्रीय नियन्त्रण क्षेत्र में हैं। यहाँ बहुमंजिला राष्ट्र संघ सचिवालय है। प्रातः दस बजे राष्ट्र संघ मुख्यालय के सभागार—4 में आठवें विश्व हिन्दी सम्मेलन का उद्घाटन हुआ। दर्शक दीर्घा सहित सभागार खचाखच भरा हुआ था। दुनिया भर से हिन्दी प्रेमी, लेखक, पत्रकार, अध्यापक तथा विभिन्न संस्थाओं के प्रतिनिधि यहाँ पहुँचे थे। उद्घाटन समारोह में भारत के विदेश राज्यमन्त्री, नेपाल और मॉरिशस के मन्त्री तथा अमेरिका में भारत के राजदूत आदि भी उपस्थित थे। उद्घाटन सत्र को संयुक्त राष्ट्र संघ के महासचिव बॉन की मून ने भी सम्बोधित किया और सबसे सुखद यह कि वे कुछ वाक्य हिन्दी में भी बोले जिसे सुनकर सारा सभागार आनन्दित हो उठा। न्यूयार्क में इस सम्मेलन का आयोजन भारतीय विद्याभवन और भारत कौंसिल, न्यूयार्क द्वारा किया गया था

जिन्होंने हर प्रकार से बहुत अच्छी व्यवस्था की थी। मेरे लिए विशेष रूप से सुखद यह रहा कि अमेरिका में रह कर हिन्दी में साहित्य-रचना करने वाले अनेक लेखकों से भेंट हुई जिनका साहित्य तो बहुत श्रेष्ठ और उल्लेखनीय नहीं है, पर उनका हिन्दी भाषा के प्रति समर्पण निश्चय ही अभिभूत करने वाला है। यहाँ अनेक प्रवासी भारतीयों—जिनमें डॉक्टर, इंजीनियर, अध्यापक, व्यापारी आदि थे, से भी भेंट हुई और जिनसे अमेरिकी जीवन के बारे में जानने का अवसर मिला।

अमेरिका में लोकतन्त्र स्थिर और अनुशासित है। यहाँ व्यक्तिगत स्वतन्त्रता का मतलब अराजकता और मनमाना आचरण नहीं है। स्वच्छता के नियमों का पालन हर नागरिक करता है। यह नहीं कि जो जहाँ चाहे थूक दे या अपना कूड़ा जहाँ चाहे फेंक दे। मैंने देखा कि हर शाम दुकान-दफ्तर का कूड़ा प्लास्टिक में बाँध कर फुटपाथ पर रख दिया जाता है जिसे कूड़े वाली गाड़ियाँ उठा ले जाती हैं। एक पानी के नल पर मैंने हाथ धोना चाहा तो एक अमेरिकी ने मुझे टोकते हुए बेसिन की ओर इशारा कर दिया। पूरे न्यूयार्क में सार्वजनिक स्थानों, सबवे स्टेशनों, टैक्सियों, रेस्तराँ और बारों (Bars) में सिगरेट पीना प्रतिबन्धित है। यहाँ घूसखोरी नहीं के बराबर है। एक हजार में दो चार ही ऐसे मिलेंगे। और सबसे अच्छी बात यह कि यहाँ भ्रष्टाचारी पकड़ लिए जाते हैं और उन्हें सजा भुगतनी होती है। भारत की तरह नहीं कि भ्रष्टाचारी अफसर की तरक्की होती रहती है और अवकाश ग्रहण के बाद भी उसे किसी-न-किसी महत्त्वपूर्ण पद की जिम्मेदारी सौंप दी जाती है। पुलिस के लोग भी यहाँ ड्रग्स वगैरह के अपराधियों से ही कभी-कभी घूस ले लेते हैं, सबसे नहीं। एक और विशेष बात सुनने को मिली कि यहाँ पुलिस और अग्नि सेवा में पीढ़ी-दर-पीढ़ी नौकरी करने का रिवाज है। जैसे भारत में वकील का बेटा वकील और व्यापारी का बेटा व्यापारी हो जाता है, वैसे ही यहाँ पुलिस और अग्नि सेवा में होता है। पुलिस भी यहाँ चुस्त और सहयोगी है। राष्ट्र संघ वाले उद्घाटन समारोह में मैंने देखा कि मेरे आगे वाली सीट पर एक भारतीय महिला कुर्सी पर बैठते समय कुछ असन्तुलित हो गयी और उसके घुटने में सम्भवत: दर्द होने लगा। वहाँ पलक झपकते ही सुरक्षाकर्मी ने मोबाइल से दो-दो डॉक्टर बुला दिए। यहाँ यह नियम है कि किसी भी देश का नागरिक यदि घायल हो जाय तो सबसे पहले उसका इलाज किया जाएगा और इतना ही नहीं, यदि वह अपने इलाज से असन्तुष्ट होकर कोई शिकायत कर दे तो उसे अपना पक्ष प्रस्तुत करने के लिए काउंसिलर दिया जाएगा। अमेरिका में समय की पाबन्दी भी गजब की है। होटल के कमरे का चेक आउट समय 12 बजे दिन है। कन्हैयालाल नन्दन जब 12 बजकर 3 मिनट पर पहुँचे तो उनके

कमरे का दरवाजा उनकी चाबी से नहीं खुला। फिर उन्हें काउंटर से दूसरी चाबी लेनी पड़ी। इस प्रकार की समय पाबन्दी मैंने लन्दन में भी लक्ष्य की थी।

भारत और अमेरिका की गरीबी में अन्तर है। यहाँ लोग भूख से नहीं मरते, भीख नहीं माँगते। बेकार युवक भी अपना कोई-न-कोई छोटा-मोटा काम करके पैसे माँगते हैं। जैसे आपकी कार पोंछ कर या कोई अन्य मदद करके। यहाँ बेरोजगारी का भत्ता दिया जाता है, मगर आपको यह छूट नहीं है कि बेरोजगारी का भत्ता लें और मटरगस्ती करें। यहाँ सरकार आपका श्रम खरीदती है। वह आपसे कोई काम कराएगी तब बेरोजगारी का भत्ता देगी। भारत की तरह खैरात नहीं बाँटेगी। यहाँ कोई फुटपाथ पर नहीं सोता। मौसम ऐसा है कि सो भी नहीं सकता। यदि किसी के पास कुछ भी नहीं है तो उसे भोजन मिलेगा और उसके रहने के लिए साधारण अपार्टमेंट्स भी बने हैं। वैसे यहाँ हर व्यक्ति स्वयं कुछ-न-कुछ करके आत्मनिर्भर बनना चाहता है। अगर किसी का खर्च नहीं चलता तो वह स्टोर्स आदि में कोई पार्ट टाइम काम कर लेता है। मानव श्रम को यहाँ उचित मूल्य दिया जाता है। कोई व्यक्ति यदि बर्तन धोने या घर की सफाई आदि के लिए भी बुलाया जाता है तो उसे पन्द्रह डॉलर प्रति घंटे के हिसाब से देना पड़ता है। 18 वर्ष से अधिक आयु के बच्चे अपने माता-पिता से अलग हो जाते या कर दिए जाते हैं। ऐसी स्थिति में वे होटलों, दुकानों, दफ्तरों में या अखबार बाँट कर या पड़ोसी के लॉन की घास काट कर या अन्य कोई पार्ट टाइन काम करके अपनी जीविका या पढ़ाई आदि का खर्च चला लेते हैं। न्यूयार्क में मैंने एक विचित्र दृश्य देखा और वह यह कि इक्का-दुक्का मानव चालित रिक्शे दिखाई पड़े। यह मेरी आँखों के लिए महान् आश्चर्य से कम नहीं था। न्यूयार्क जैसे चरम यान्त्रिक नगर में मानवचालित रिक्शा! पूछने पर पता चला कि ऐसे रिक्शों को अभी हाल में ही अनुमति मिली है। मुझे तो ऐसा लगता है कि यह अति समृद्धि का एक चोंचला (Fun) है। कुछ लोग जो कारों पर बैठते-बैठते ऊब गये होंगे, इन रिक्शों पर चढ़ कर जीवन का एक नया स्वाद लेते होंगे। खास कर बाहर से आने वाले पर्यटकों के लिए न्यूयार्क में यह एक अजूबा होगा। मगर इसमें एक सकारात्मक सोच का भी आभास होता है और वह यह कि बहुत से बेरोजगार युवक इसे भी रोजी का एक साधन बना सकते हैं। कम-से-कम वे अपराध आदि में तो न फँसेंगे। मेरा अनुमान है, जो कि सही होगा कि इन रिक्शों का किराया टैक्सियों के किराए से कुछ महँगा ही होगा क्योंकि न्यूयार्क में इन पर चढ़ना निश्चय ही एक थ्रिल है।

अमेरिकी कानून में सबसे अधिक ध्यान वहाँ के बच्चों और बूढ़ों पर दिया गया है। उनके लिए अनेक योजनाएँ हैं, अनेक प्रकार की छूट का विधान है।

बच्चों को वहाँ कोई पीटता या डाँटता नहीं है। यदि बच्चा ऐसी शिकायत कर दे तो माता-पिता निश्चित ही दंडित होंगे। छोटे बच्चों की ओर से कोई पड़ोसी भी उनके माता-पिता की शिकायत कर सकता है। यही स्थिति वरिष्ठ नागरिकों की है। तात्पर्य यह कि यदि युवकों को अपनी स्वतन्त्रता के उपभोग की छूट है तो उन पर निर्भर रहने वाले अशक्त बच्चों और बूढ़ों को भी। यहाँ किसी को भी धन कमाने की स्वतन्त्रता है, पर उसे सरकार को उचित टैक्स देना पड़ेगा। न्यूयार्क में केरल का एक टैक्सी ड्राइवर बता रहा था कि मात्र छः वर्षों में उसने और उसके बेटे ने यहाँ इतना पैसा कमाया जितना भारत में जिन्दगी भर में नहीं कमा पाता। उसी के शब्दों में, ''यहाँ बनने की पूरी स्वतन्त्रता है। सरकार या समाज का कोई दबाव नहीं है।'' लेकिन यहाँ भी लोग टैक्स की चोरी करते हैं क्योंकि ऐसा न करने पर उनकी आमदनी का एक बड़ा हिस्सा टैक्स में चला जाता है। वैसे यहाँ एक ऐसा वर्ग भी है जो कम आय वर्ग का है। उस वर्ग का आदमी जब रिटर्न भरता है तो आयकर विभाग उसका रुपया उसे वापस कर देता है। या उसकी कम आय का आकलन करते हुए अपने पास से भी उसे पैसा दे देता है।

यह जानकर मुझे आश्चर्य हुआ कि अमेरिका के गाँवों में अमीर ज्यादा हैं और शहरों में गरीब ज्यादा। गाँवों का परिवेश खुला हुआ है। वे वृक्ष, वनस्पतियों और प्रकृति की गोद में हैं जहाँ उन्मुक्त पवन है और पक्षियों का कलरव भी सुनाई पड़ता है। शहरों में तो सब पर बन्दिश है। यहाँ पार्कों में ही प्रकृति से साक्षात् किया जा सकता है। एक भारतीय इंजीनियर श्री जगदीश जी बताते हैं कि न्यूयार्क सबसे गन्दा शहर है। यदि आपको प्रकृति की हरियाली और सौन्दर्य देखना हो तो न्यूयार्क के बारह वाशिंगटन डी. सी. के रास्ते में या किसी अन्य दिशा में यहाँ से 100 मील दूर निकल कर देखिए। आप मुग्ध हो जाएँगे। अमेरिका बहुत बड़ा देश है। यहाँ कई तरह का मौसम है। यहाँ के कुछ स्थानों की जलवायु भारत जैसी ही है और भारतीय पेड़-पौधे, फल-सब्जियाँ आदि भी यहाँ होती हैं। गाँवों में बड़े-बड़े कृषि फार्म हैं। छोटी खेती यहाँ नहीं होती। कारण कि बड़े फार्मों में ही यान्त्रिक उपकरणों का प्रयोग सम्भव है जिनसे अधिक उत्पादन होता है। अमेरिका में खाद्य उत्पादन अपनी जरूरत के दो गुना-तिगुना हो जाता है। फार्मों पर बिजली-पानी की सभी सुविधाएँ उपलब्ध हैं। गाँवों में संचार, शिक्षा और स्वास्थ्य सम्बन्धी सुविधाएँ भी उपलब्ध हैं। इस प्रकार की व्यवस्था भारत के गाँवों में नहीं हो सकी जिसके कारण गाँव उजाड़ हो रहे हैं और वहाँ से इकतरफा पलायन हो रहा है। महात्मा गाँधी ने विकेन्द्रीकरण की नीति पर जोर दिया था और उनकी इच्छा गाँवों को हर प्रकार से आत्मनिर्भर और अपने में स्वाधीन

इकाई बनाने की थी। मगर स्वाधीनता के बाद की भारतीय सरकारों ने गाँधी की नीतियों का पालन नहीं किया। वे नगरीकरण और औद्योगिकीकरण की ओर बढ़ीं और उन्होंने उसी पश्चिमी आधुनिकता को अपने विकास का आदर्श (मॉडल) बनाया जिसे गाँधी जी ने 'शैतानी सभ्यता' कहा था। परिणाम यह हुआ है कि आज जो हमारा आदर्श है अर्थात् आधुनिक पश्चिम, उससे हम दो सौ वर्ष पीछे हैं। काश! हमने गाँधी के अर्थशास्त्र को अपना नमूना बनाया होता। मगर अब बहुत देर हो चुकी है। जहाँ हम पहुँच चुके हैं वहाँ से पीछे लौटना असम्भव है। लेकिन इस समय भी जहाँ हम हैं, निश्चय ही दुनिया के बहुत से देशों से बेहतर हैं। हमारा लोकतन्त्र सुदृढ़ है, हमारी आर्थिक स्थिति भी बेहतर हुई है। हमारे यहाँ प्रतिभाओं की कमी नहीं है, कर्मठ लोगों की कमी नहीं है, आदर्शों और नैतिक मूल्यों में विश्वास रखने वालों की भी कमी नहीं है। यदि कमी है तो दृढ़ संकल्प वाले चरित्रवान नेताओं की। इसी कमी के कारण भ्रष्टचार है और देश का विकास रुका हुआ है।

एक दिन सायंकाल विजयकिशोर मानव के एक परिचित श्री संदीप मुझे और मानव जी को अपने घर भोजन पर ले गये। संदीप के दोस्त श्री जुरैन ने हमें पहले राकफेलर सेंटर घुमाया। इस सेंटर के लम्बे और बड़े कटोरेनुमा भूगर्भ (Underground) तल पर बत्तियाँ जगमगा रही थीं। जाड़ों में वहाँ बर्फ जम जाती है और लोग स्कीइंग का आनन्द लेते हैं। इस सेंटर के चारों ओर की गगनचुम्बी अट्टालिकाओं के स्वामी राकफेलर थे जो एक समय में दुनिया के सबसे धनी व्यक्ति थे। लक्ष्मी का निवास बदलता रहता है। इस समय उनकी जगह कोई दूसरा है। आगे कोई तीसरा-चौथा होता रहेगा। ...सन्दीप एक बंगाली युवक हैं जो लखनऊ और दिल्ली में रहे हैं तथा न्यूयार्क में पिछले तेरह वर्षों से रह रहे हैं। वे 100 मील की गति से अपनी कार चला रहे थे। मेरे भय व्यक्त करने पर उन्होंने गति 90 मील की। वे न्यूयार्क के बाहरी इलाके में रहते हैं जिसे क्वीन्स का क्षेत्र कहा जाता है। यह खेल प्रेमियों के लिए प्रसिद्ध क्षेत्र है जहाँ कुछ स्टेडियम और खेल केन्द्र हैं। वे रास्ते में ईस्ट रिवर (East River) के पुल से गुजरते हैं। पुल की ऊँचाई से नीचे चारों ओर का दृश्य बहुत मनोरम लग रहा है। विशाल अट्टालिकाएँ और नदी का सौन्दर्य। हमारे देश में इतनी सुन्दर नदियाँ हैं, पर हमने उनके प्रति अपने नागरिक धर्म का निर्वाह नहीं किया। मैनहट्टन के बाहर का यह पूर्वी क्षेत्र औद्योगिक क्षेत्र भी है और आवासीय भी। मैनहट्टन की गगनचुम्बी अट्टालिकाओं का बोझ यहाँ नहीं महसूस होता, यहाँ साफ-सुथरे डुपलेक्स बने हैं। दो मकानों के बीच प्रायः साफ-सुथरी गलियाँ हैं, मकान लकड़ी के हैं। फर्श, दीवारें और छतें सभी लकड़ी की। ऊपरी मंजिल पर तिकोनी छतें। यहाँ वर्ष में

दस महीने ठंड के होते हैं। केवल दो ही महीने गर्मी के। इसीलिए ऐसी व्यवस्था की गयी है। मुझे बताया गया है कि यहाँ के जंगलों में लकड़ी की कमी नहीं है। कैलीफोर्निया में एक 'रेडवुड' जंगल है जिसमें हजारों वर्ष पुराने पेड़ हैं। उनकी लम्बाई और मोटाई भी इतनी कि देखकर वन विशेषज्ञों को भी आश्चर्य होने लगे। ...सन्दीप ने बताया कि उसने अपने बच्चों को टी.वी. और फिल्मों से दूर रखा है। निर्धारित कार्यक्रम के अनुसार उसके घर ज़ुरैन और शाहीन भी आ गयीं। शाहीन लखनऊ की हैं। वह कोलम्बिया यूनिवर्सिटी में पढ़ाती हैं। वह हमें अपनी यूनिवर्सिटी में भी ले जाना चाहती थीं, पर हमारे पास समय नहीं था। संदीप की पत्नी और शाहीन बड़े उत्साह से हमें भारतीय व्यंजन खिलाती हैं—दालपुड़ी, भिंडी की सब्जी, आम का मुरब्बा, मिठाई आदि।

न्यूयार्क में एक दिन एक भारतीय डॉक्टर दम्पती से बात हुई। उन्होंने हमसे पूछा, "आप लोगों ने यहाँ आने से पहले अपना बीमा कराया है या नहीं?" हम लोगों के 'नहीं' कहने पर बोले कि यहाँ इलाज कराना बहुत महँगा है। यदि दुर्भाग्य से आप सड़क पर गिर पड़ें और पैर में फ्रैक्चर हो जाय तो उसे ठीक करने में 10 हजार डालर खर्च हो जाएँगे, अर्थात् चार लाख रुपये। उन्होंने बताया कि यहाँ भारतीय डॉक्टरों की इज्जत है। वे जिम्मेदारी से काम करते हैं। परामर्श शुल्क लगभग 40 डालर है। जिन्हें मेडीकेयर मिला है या जिनका बीमा है उन्हीं का इलाज सस्ते में होता है। यहाँ यह भी नियम है कि यदि किसी के पास कोई साधन नहीं है या जिनकी आय बारह हजार डालर वार्षिक से कम है, उनका मेडीकेयर सरकार कराती है। उन्होंने यह भी बताया कि भारत की एम.बी.बी.एस. डिग्री यहाँ मान्य नहीं है, यहाँ अलग से परीक्षा देनी होती हैं जो परीक्षा में फेल हो जाते हैं और यहाँ से किसी कारण वापस नहीं लौटना चाहते उन्हें वार्ड ब्वाय या नर्स का काम करके गुजारा करना पड़ता है। लेकिन वे भी पाँच-छः हजार डालर महीने में कमा लेते हैं। उन्होंने यह भी बताया कि यदि कोई यहाँ अपने परिवार के सदस्य को बुलाता है तो उसे एक वर्ष तक उसकी जिम्मेदारी लेनी पड़ती है और उसी अवधि में उस व्यक्ति को अपने लिए कोई काम तलाश लेना होता है। यदि किसी के पास लम्बी अवधि का वीसा है तो भी वह लगातार छः माह से अधिक यहाँ नहीं रुक सकता। छः माह बाद एक दिन के लिए ही सही उसे अपने देश लौटना होगा। वास्तविकता यह है कि अमेरिकी सरकार नहीं चाहती कि वहाँ कोई व्यक्ति उस पर बोझ बन कर रहे। इसीलिए अमेरिकी दूतावास किसी को वीसा देने में बहुत सतर्क रहते हैं। अमेरिका की खुशहाली के मूल में प्रमुख है वहाँ की सीमित जनसंख्या। न्यूयार्क की आबादी प्रति वर्गमील यदि

24 हजार है तो नाइजीरिया की राजधानी लैगोस की जनसंख्या प्रति वर्गमील एक लाख चौवालीस हजार।

अमेरिका और मैक्सिको एक-दूसरे से लगे हुए हैं। अब हालत यह है कि मैक्सिको से लोग भाग कर अमेरिका में घुस जाना चाहते हैं। गरीब देशों में आबादी बढ़ती जा रही है और अमीर देशों में घट रही है। इससे अमीर देश चिन्तित हैं। चीन, भारत, पाकिस्तान, बांग्लादेश, मैक्सिको और तमाम अफ्रीकी देशों के लोग किसी भी तरह अमेरिका और यूरप में घुस कर अपनी गरीबी से मुक्त होना चाहते हैं। ये लोग कम पैसे में वहाँ काम करते हैं। भारत और चीन के युवक इंजीनियर अमेरिका में जो काम दो हजार डॉलर में आसानी से कर देते हैं वही अमेरिकी कम्प्यूटर इंजीनियर कम-से-कम पाँच हजार डालर में मुश्किल से करेंगे। शारीरिक और बौद्धिक दोनों ही प्रकार के काम गरीब देशों के लोग सस्ते में कर देते हैं। इसका एक कारण तो यह भी है कि अमेरिकी युवकों की प्रवृत्ति प्रौद्योगिकी शिक्षा, गणित और भौतिकी आदि में नहीं हो रही है। भारतीय और चीनी युवक प्रौद्योगिकी में उनसे ज्यादा कुशल हैं। इसी प्रकार गरीब देशों के अकुशल मजदूर उनकी तुलना में अधिक श्रम करते हैं। क्या इससे यह भी निष्कर्ष निकाला जा सकता है कि अति समृद्धि बच्चों को गैर ज़िम्मेदार और अकर्मण्य बनाती है? बहरहाल, यह कहा जा सकता है कि अमेरिका जब तक स्वयं अपने देश में अकुशल और कुशल दोनों प्रकार के श्रम करने वालों की संख्या नहीं बढ़ाएगा, बाहर से जाने वालों को रोक नहीं पाएगा। चाहे वह इससे कितना भी परेशान क्यों न हो।

भारत के अखबार और साहित्यिक पत्र-पत्रिकाएँ अमेरिका की आलोचना से भरी होती हैं। पर यदि आप दिल्ली के अमेरिकी दूतावास जाएँ तो वहाँ अमेरिका जाने के लिए गिड़गिड़ाते लोगों की भारी भीड़ देख कर आपको दंग रह जाना पड़ेगा। यह भीड़ अधिकांशत: जीविका प्राप्त करने वालों की होती है या फिर उन माता-पिताओं की जिनकी सन्तानें वहाँ जीविकोपार्जन कर रही हैं। रोजी-रोटी के बिना जिया तो नहीं जा सकता और जब अपने देश में जुगाड़ नहीं है तो फिर वहाँ जाना ही पड़ेगा जहाँ इसका इन्तजाम है। एक बात यह भी है कि आधुनिक उपभोक्तावाद ने लोगों में पैसे की हवस बढ़ा दी है और पैसा तो अमेरिका और यूरप में है। यह एक कटु सचाई है जिसे वे अबोध लोग नहीं समझेंगे जो कान में मोबाइल सटाए भूमंडलीकरण को कोसते रहते हैं। ''एक संग नहिं होइ भुआलू। हँसब ठठाइ फुलाइब गालू।''

अमेरिका में मुझे जो भी भारतवासी मिले वे खुश और वहाँ रहने के कारण अपने भीतर गौरव महसूस करते हुए दिखे। निस्सन्देह यहाँ रहने वाले भारतवासी

आर्थिक दृष्टि से बहुत समृद्ध हैं और निश्चय ही अमेरिका में सम्पन्नता है, व्यवस्था है, सुविधा और पैसा है। मगर यही जीवन का चरम आदर्श और अन्तिम लक्ष्य नहीं है। यहाँ की परिवार व्यवस्था आदर्श नहीं कही जा सकती। उस व्यवस्था में रागात्मक सम्बन्धों के लिए जगह नहीं रह गयी है। हर व्यक्ति अकेला और अलग हो गया है। यहाँ तक कि बच्चे भी माँ से अलग हो रहे हैं। आज स्थिति यह है कि अमेरिका में मानसिक अशान्ति गरीब देशों से ज्यादा है। अपराध, हिंसा, हत्या, बलात्कार, मादक द्रव्यों का सेवन आदि भी वहाँ ज्यादा है। लगभग 50 फीसदी लोग तलाक ले रहे हैं। ऐसे में सौतेले माता-पिता से बच्चों का सम्बन्ध सहज नहीं रह जाता। बच्चों के लिए कोई माता-पिता अपना समय नहीं दे पाता। फिर उनमें संस्कार कौन भरेगा? परिणामत: वे कुप्रवृत्तियों में फँसते जा रहे हैं। वस्तुत: सचाई यह है कि संयुक्त परिवार तो टूटे लेकिन उन्होंने दुनिया को एक ऐसी समस्या में डाल दिया है जिसका हल न मनोवैज्ञानिकों की समझ में आ रहा है न समाजशास्त्रियों के। स्वतन्त्रता और समानता का अति आग्रह मानवता को ऐसी अन्धी गली तक पहुँचा देगा इसकी कल्पना स्वतन्त्रता और समानता का नारा देने वाले विचारकों ने नहीं की होगी। यह हालत अमेरिका में भी है, रूस में भी और लगभग सम्पूर्ण यूरप में भी। मुझे याद है, वर्षों पहले मैंने रूस के हिन्दीप्रेमी आलोचक अलेक्सान्द्र सेंकेविच से पूछा था कि उन्हें हिन्दी साहित्य में कौन-सी चीज सबसे ज्यादा आकृष्ट करती है। उन्होंने तुरन्त उत्तर दिया था—'संयुक्त परिवार व्यवस्था।' पहले तो यह उत्तर सुनकर मैं कुछ देर के लिए स्तम्भित हुआ, पर बाद में मुझे स्मरण आया कि यही बात तो गुरुदेव रवीन्द्रनाथ ने तुलसी के 'रामचरितमानस' के बारे में कही थी। उन्होंने 'मानस' को 'गार्हस्थ जीवन का महाकाव्य' कहा था। भारतीय गार्हस्थ जीवन बहुत सारे अमूल्य मूल्यों का स्रोत है। अगर वे मूल्य बिल्कुल ही बिखर गये तो सुख और शान्ति जो व्यक्ति की और समूची मानवता की परम काम्य है, कभी उपलब्ध नहीं हो सकती। क्या यह सम्भव नहीं है कि अमेरिका की आर्थिक सम्पन्नता के साथ भारत के पारिवारिक—नैतिक मूल्यों का सामंजस्य घटित हो सके?

अमेरिका में हिन्दी भाषा और साहित्य की स्थिति बहुत खराब नहीं, बल्कि अच्छी ही कही जाएगी। यहाँ के भारतीय अपने बच्चों को हिन्दी सीखने के लिए प्रेरित कर रहे हैं। यहाँ के मन्दिरों में हिन्दी भाषा और शिक्षण के कार्यक्रम आयोजित किए जाते हैं। अनेक संस्थाएँ भी यह कार्य नि:शुल्क कर रही हैं। खुद अमेरिकी सरकार भी अपने नागरिकों को हिन्दी सीखने के लिए प्रोत्साहित कर रही है। हिन्दी में साहित्य-रचना कर रहे साहित्यकारों की भी संख्या वहाँ कम नहीं है। यहाँ से हिन्दी की कई पत्रिकाएँ भी निकल रही हैं। यद्यपि उन साहित्यकारों की

रचनाएँ बहुत स्तरीय नहीं हैं, फिर भी उनका समर्पण आदर के योग्य है। अमेरिका के अनेक विश्वविद्यालयों में हिन्दी पढ़ाई जा रही है और यहाँ पढ़ाने वाले अध्यापकों में कई तो भाषा और साहित्य के क्षेत्र में गम्भीर और उल्लेखनीय कार्य कर रहे हैं। कइयों से मेरी भेंट भी हुई।

विश्व हिन्दी सम्मेलन के सारे कार्यक्रम एफ.आई.टी (फैशन इन्स्टीट्यूट ऑफ टेक्नोलॉजी) भवन में हो रहे थे। एक दिन हम (मैं, उदयप्रकाश, मानव और गुलेरी) एफ.आई.टी. जा रहे थे। टैक्सी ड्राइवर हमें देखकर हिन्दी में बोला। मैंने उससे पूछा, ''आप कहाँ के रहने वाले हैं?'' उसने कहा, ''मैं उस अकेले शहर का रहने वाला हूँ जहाँ की भाषा उर्दू है।'' मैंने कहा, ''हैदराबाद?'' उसने कहा, ''नहीं, कराची।'' जब मैंने बताया कि मैं लखनऊ से हूँ तो उसने कहा, ''आप उर्दू क्यों नहीं बोलते?'' मैंने बताया, ''मैं लखनऊ से थोड़ा पूरब का हूँ। मीर साहब ने कहा है न! क्या बूदोबास पूछे हो पूरब के साकिनों।'' वह बहुत खुश हुआ। मैंने बताया कि हम लोग लेखक हैं, उर्दू के सभी महान् साहित्यकारों को पढ़ते हैं—मीर, ग़ाालिब आदि। फिर मैं उर्दू शब्दावली का ज्यादा प्रयोग करने लगा। उसने भी ग़ालिब का एक शेर सुनाया और अपना नाम बताया—मिर्जा मतीन। उसने बताया कि वहाँ उसकी कमाई किसी भी नौकरी करने वाले से ज्यादा है। उस पेशे में उसे सन्तोष है। उसका अपना मकान है—जैक्सन हाइट में, जिसे Little India (लघु भारत) कहते हैं। वहाँ भारत, पाकिस्तान और बंग्लादेश के लोग बड़ी संख्या में रहते हैं। वहाँ जाकर आपको लगेगा जैसे दिल्ली के चाँदनी चौक में पहुँच गये हैं। उसी तरह की छोटी-छोटी दुकानें, होटल, जलेबी छानते दुकानदार आदि। वहाँ भोजन की सारी भारतीय किस्में और सारे सामान मिलेंगे जो भारत में मिलते हैं। इसी प्रकार न्यूयार्क में चाइना टाउन भी है और इटालियन आदि बस्तियाँ भी। बात करते-करते अचानक मिर्जा मतीन ने मुझसे पूछा, ''आप मेरी उम्र बता सकते हैं?'' मैंने उसके चेहरे को गौर से देखा जो अवश्य ही उसकी उम्र से दस वर्ष कम लग रहा था। मैंने कहा, ''सत्तर वर्ष।'' वह बेहद खुश हुआ। बोला, ''आज तक ऐसा कोई नहीं मिला था जो मेरी उम्र का अन्दाज इतना ठीक-ठीक लगा सका हो। मैं 69 वर्ष के आगे चल रहा हूँ।'' फिर मिर्जा मतीन खुशी में स्वयं बड़बड़ाने लगा, ''नहीं, आप लोगों से किराया नहीं लूँगा। आपसे किराया लेना गुनाह है। आप लोग इतनी अच्छी उर्दू बोलते हैं। ना, ना, ना। कभी नहीं। मेरी बरकत नहीं होगी। ...'' हम लोगों के बहुत-बहुत आग्रह पर और यह कहने पर कि वह हमारी भावना का भी खयाल रखें, उसने हमसे वास्तविक किराए का आधा लिया। अर्थात् 10 डालर की जगह 5 डालर। चलते-चलते बोला, ''मेरा फोन नम्बर नोट कीजिए। कोई दिक्कत हो तो मुझे फोन कीजिए। मैं नाक के बल दौड़ता हुआ आऊँगा।''

न्यूयार्क को अलविदा कहते हुए हम जे.एफ. केनेडी अन्तर्राष्ट्रीय हवाई अड्डे के लिए रवाना हो चुके हैं। इस टैक्सी का ड्राइवर भी पंजाब का ही रहने वाला है और पंजाबी हिन्दी में बातचीत कर रहा है। हवाई अड्डे पर औपचारिकताओं के बाद ज्यों ही हम बोर्डिंग पास लेकर बैठते हैं तभी आपातकालीन साइरन बज उठता है और दीवारों-खम्भों पर लगे सैकड़ों कैमने चमकने लगते हैं। पाँच मिनट तक हम दहशत में रहते हैं, जब तक कि यह घोषणा नहीं हो जाती कि किसी तकनीकी गलती के कारण ऐसा हो गया है और पुलिस इसकी छानबीन कर रही है। शाम के छः बज रहे हैं और अब हम अपनी उड़ान का इन्तजार कर रहे हैं। अभी हमें हजारों मील का अतलान्त महासागर पार करना है, फिर हीथ्रो हवाई अड्डे की कड़ी चेकिंग से गुजरना है। अभी तो हम उस लोक में हैं जिसे हमारे पुराणों में पाताल लोक कहा गया है। आश्चर्य है कि अतल, वितल, सुतल, तलातल, महातल, रसातल और पाताल—पृथ्वी के नीचे के इन सात लोकों में सभी को पुराणकारों (दे., भागवतपुराण, मत्स्यपुराण, वायुपुराण, विष्णुपुराण) ने धन-धान्य से पूर्ण बताया है और यहाँ तक कहा है कि वहाँ स्वर्ग से भी बढ़कर सुख है। पाताल इनमें अन्तिम लोक है जहाँ की भूमि को स्वर्णमयी बताया गया है तथा यह भी कहा गया है कि वहाँ वासुकि नामक सर्प शंख, शंखचूड़, कुलिक, धनंजय आदि कितने ही विशालकाय सर्पों के साथ रहता है। ...जहाँ सुवर्ण है वहाँ सर्प तो रहेगा ही। बहरहाल, मुझे तो यहाँ से घंटे-आध घंटे में चल देना है और इतनी लम्बी, थकाने वाली यात्रा दुबारा करने का साहस भी शायद ही जुटा पाऊँ, पर पता नहीं क्यों इस समय विदा होते हुए मन में एक इच्छा जरूर उठ रही है, यहाँ के उन बिछड़ते किरदारों से फिर मिलने की, जो इस स्वर्णिम और लक्ष्यहीन चकाचौंध में भी प्रेम और लगाव के भारतीय मूल्यों को अपने भीतर जिन्दा रखे हुए हैं।

दूसरी बार लन्दन

मार्टिन बकले (Martin Buckley) ने पूछा, "क्या लन्दन पहले भी आये हैं?" मैंने कहा, "हाँ, दस वर्ष पहले।" वे बोले, "तब से लन्दन काफी बदल गया है। कैसा लगा आपको?" मैं बदले हुए और बदलते हुए लन्दन की तुलना नहीं कर सकता। करूँ भी तो कब से और कहाँ से? शेक्सपियर के समय (1616 ई.) में लन्दन कुल एक वर्ग मील में सिमटा था। आज वह 70 वर्ग मील में फैला हुआ है। इसी के हिसाब से अन्य परिवर्तन भी हुए होंगे और हुए ही हैं। यद्यपि लन्दन के लोग इस परिवर्तन को रोकने की कोशिशें करते रहते हैं और यही लन्दन की खासियत है कि वह बदलना नहीं चाहता। या कहें कि वह अपने इतिहास में नित्य नया रहना चाहता है। न बदलने का मनोविज्ञान क्या यथास्थिति में ही अपने को नया महसूस करते रहने का मनोविज्ञान नहीं है? लन्दन के बाहर मैं ऑक्सफोर्ड, काट्सवल्ड्स (Catswolds) और शेक्सपियर के गाँव स्ट्रैटफोर्ड अपान एवन (Stratford upon-avon) गया था। इन तीनों ने लन्दन के बारे में मेरी उपर्युक्त धारणा की पुष्टि की। कहीं कुछ नहीं बदला है इन तीनों में। अगर इस क्षणवादी दर्शन के पेच में न फँसें कि "एक ही नदी को कोई दुबारा पार नहीं कर सकता" तो कह सकते हैं कि टेम्स वैसे ही बह रही है अपनी मन्द मंथर गति से, जैसे सैकड़ों वर्ष पहले बह रही थी, पार्लियामेंट के आलीशान भवन की परछाईं उसमें उसी प्रकार झिलमिला रही है, वैसे ही संरक्षित है ऑक्सफोर्ड का विस्तृत परिसर, काट्सवल्ड्स का गाँव और शेक्सपियर की जन्मभूमि। वही-स्थापत्य, वही-सड़कें, वही दर्शनीय स्थल, वही गिरिजाघर, वैसे ही अजनबी दर्शनार्थी। लन्दन कुछ भी नहीं बदला। मुझे पहली बार भी यह घर की तरह आत्मीय लगा और इस बार भी। लन्दन अपने अतीत में दुबक कर साँस खींचता है और अपने इतिहास में ही साँस छोड़ता है। उसका संविधान भी मुख्यतः अपनी परम्पराओं, विश्वासों और श्रुतियों-स्मृतियों के आधार पर चल रहा है।

लन्दन की पहली यात्रा में भी मैं लिख चुका हूँ और इस बार भी लिख

रहा हूँ कि लन्दन के प्रथम साक्षात्कार में जो सबसे पहला प्रभाव मुझ पर पड़ा, पहले-पहले प्यार की तरह, वह था उसकी सादगी का। जाहिर है, किसी भी अनजाने शहर में आँखें सबसे पहले सामने के दृश्यों को देखती हैं जिसमें दैवी प्रकृति के बीच मानव निर्मित स्थापत्य शामिल है। लन्दन का स्थापत्य अपनी सादगी, सहजता, सन्तुलन और परम्पराप्रियता में मनोरम लगाव पैदा करता है। मुझे व्यक्तिगत रूप से बहुमंजिले दैत्याकार भवन और चौड़ी-चौड़ी सड़कें भयभीत करती हैं। लन्दन में ऐसा नहीं है। वहाँ सरकार ने भवनों की ऊँचाई प्रतिबन्धित कर रखी है। वहाँ अधिकांश क्षेत्रों में दो से चार मंजिले भवन ही हैं। लन्दन के बाहर तो सर्वत्र दो मंजिले भवन ही दिखे जिनके ऊपर आकाश दिखता है, घिरे हुए बादल दिखते हैं, रात को चाँद और तारे दिखाई पड़ते हैं तथा जिनके बीच प्रकाश और हवा की आवाजाही हमारी चर्ममय देह को सुखद लगती है। लन्दन के ये भवन भी परम्परागत ढंग के हैं, ढालुआँ छतों और आग का धुआँ निकलने वाली चिमनियों वाले। संयोग देखिए, कि वृक्ष भी बहुत मोटे और बहुत लम्बे नहीं हैं—प्राय: पतले, छरहरे और हल्के सुन्दर रंगों वाले। भवनों के रंग भी चटख भड़कीले नहीं, बल्कि हल्के और शालीन। सड़कें भी बहुत चौड़ी नहीं, न इतनी लम्बी कि जैसे सुदूर क्षितिज में घुसी जा रही हों। हर दस मिनट बाद कोई-न-कोई लालबत्ती हमारी गति को रोक देती है। कोई-न-कोई छोटा-सा चौराहा हमें पार करना होता है। कारों की गति भी पचीस-तीस मील प्रति घंटे से अधिक नहीं। महज पचीस-तीस फीट चौड़ी सड़कों पर कार, बस, साइकिल, रिक्शा सब चलते हैं। ट्राफिक के नियमों का गजब का पालन होता है। कोई मनमानी नहीं कर सकता। कारों की संख्या के हिसाब से कोई शोरगुल भी नहीं। हार्न यहाँ कोई बजाता नहीं। चौड़े-चौड़े और पतले-पतले फुटपाथ तो इस शहर की जीवन रेखाएँ हैं जिनमें शहर का दिल धड़कता है। लोग चुपचाप तेजी से चले जा रहे हैं न जाने किन खयालों में डूबे या उतराते, किस तट की ओर। सड़कें और फुटपाथ दोनों घर जैसे लगते हैं। इस शहर का कोई आतंक मन पर नहीं पड़ता। अनेक बार आया जा सकता है यहाँ, बसा जा सकता है और पूरा जीवन भी गुजारा जा सकता है।

लन्दन के लोग बुद्धिमान, शालीन तथा विनम्र हैं। बिना परिचय के भी यहाँ के स्त्री-पुरुष किसी रेस्तराँ या लिफ्ट आदि में अकेले मिल जाने पर अभिवादन करते हैं। दो-शब्दों की ध्वनि वहाँ इतनी बार गूँजती है कि उनकी विनम्रता विचारणीय बन जाती है। यदि किसी के लिए कोई नगण्य से नगण्य कार्य कर दीजिए जिससे उसे कुछ सुविधा हो जाती हो तो वह 'थैंक यू' जरूर बोलेगा। इसी प्रकार यदि आप से किसी को असुविधा हो रही है तो दोषी आप हैं, मगर

'सॉरी' वह बोलेगा जिसको असुविधा हो रही है। उदाहरण के लिए यदि आप किसी ऐसी जगह खड़े हैं जहाँ से उस व्यक्ति को गुजरना है तो वह आप से हटने को नहीं कहेगा, बल्कि आपके पास आकर 'सॉरी' बोलेगा, जैसे कि वही आपके रास्ते में खड़ा हो। 'सॉरी', 'थैंक यू' या 'मार्निंग' शब्द का इंग्लैंड के लोग, खासकर महिलाएँ, इतना संगीतमय उच्चारण करती हैं कि वह उनके मुख से किसी वाद्ययन्त्र-सा झंकृत होता है। मगर ये शिष्टाचार-सूचक शब्द एक यान्त्रिक और भावहीन अभिव्यक्ति लगते हैं जैसे उनका प्राण निकाल लिया गया हो। भारत में शिष्टाचार या कृतज्ञता देह की भाषा से व्यक्त की जाती है, ध्वनियों की भाषा से नहीं। जैसे कि झुक कर, हाथ जोड़ कर, मुस्करा कर और देवालयों आदि में तो साष्टांग के द्वारा भी।

लन्दन की अधिकांश कार्यालयी जिम्मेदारी वहाँ की महिलाएँ सँभालती हैं। उनमें व्यवहार कुशलता भी है और धीरज भी। अमेरिकी महिलाओं की तुलना में ये सुन्दर हैं। मोटे स्त्री-पुरुषों की संख्या अमेरिका की तुलना में वहाँ कम है। महिलाएँ भी विनम्र और समझदार हैं। एडिनवर्ग में जो महिला हमारी देख-रेख के लिए थी उसकी सक्रियता और फुर्ती देखने लायक थी।

सफाई, समयबद्धता और अनुशासन लन्दनवासियों की विशेषता है। वहाँ हर कार्य ठीक समय पर शुरू और समाप्त होता है। हर जगह कोई सिगरेट नहीं पी सकता। उसके लिए स्मोकिंग जोन चिह्नित हैं। होटल के कमरों में, ट्रेन में या किसी भी सार्वजनिक स्थल पर सिगरेट पीना वर्जित है। प्रसन्नता इस बात की है कि इन नियमों का लोग स्वयमेव पालन करते हैं। कहीं किसी विशिष्ट को भी कोई रियायत नहीं। मुझे मार्टिन बकले ब्रिटिश लाइब्रेरी दिखाना चाहते थे, मगर हम समय के अनुसार नहीं पहुँचे थे, अतः दरबान ने घुसने नहीं दिया। वहाँ सभी पंक्तिपावन हैं क्योंकि कोई पंक्ति नहीं तोड़ता। सब अपनी बारी की प्रतीक्षा करते हैं।

मगर अपने अनुशासन और अपनी परम्पराप्रियता में भी स्वतन्त्रता ही लन्दन का चरम मूल्य है। दुनिया के तमाम देशों के राष्ट्राध्यक्ष, विद्रोही, क्रान्तिकारी, अपने-अपने देशों से निष्कासित राजनेता, लेखक-लेखिका, कलाकार आदि आते रहते हैं यहाँ और इस शहर के फुटपाथों पर सामान्य नागरिक की हैसियत से टहलते हुए यहाँ की भीड़ में मिल जाते हैं। इसे अपना घर बना लेते हैं, यहाँ बस जाते हैं, जैसे वे यहीं के आदिवासी हों। यह शहर उनकी खोई हुई आजादी को वापस करता है, उन्हें पूरी तरह आजाद रखता है। 3 जुलाई, 1871 को लन्दन में आर. लैंडर ने कार्ल मार्क्स का इंटरव्यू लिया था जो 'न्यूयार्क वर्ल्ड' में 18 जुलाई 1871 को प्रकाशित हुआ था। इसमें लैंडर ने मार्क्स से एक सवाल किया

था कि उन्होंने इंग्लैंड को ही अपनी गतिविधियों का केन्द्र क्यों बनाया? इसका उत्तर मार्क्स ने यह दिया था, ''ऐसा करने के कुछ स्पष्ट कारण हैं। एक तो यही कि संगठन बनाने के अधिकार की स्वतन्त्रता यहाँ एक स्थापित चीज है। जर्मनी में भी ऐसा अधिकार है, लेकिन वहाँ इसमें बहुत सारी कठिनाइयाँ हैं। फ्रांस में तो बहुत दिनों से ऐसा अधिकार है ही नहीं।''

लेकिन इस सन्दर्भ में अपनी पिछली यात्रा में भी मैंने लन्दन से एक सवाल पूछा था और इस यात्रा में भी उसका उत्तर पाने की जिज्ञासा बनी हुई है कि स्वतन्त्रता को महत्त्व देने वाले इस देश ने अतीत में इतने उपनिवेश क्यों बनाये? दूसरे देशों पर आक्रमण क्यों किये? वहाँ की भाषा और संस्कृति को अपने से हीन मान कर उन्हें नष्ट करने की कोशिशें क्यों की? भारत के व्यापारी हजारों वर्षों से विदेशों की यात्राएँ करते रहे जिनके साक्ष्य इस समय भी इंडोनेशिया, थाइलैंड, श्रीलंका, चीन, अफगानिस्तान आदि देशों में प्राप्त किए जा सकते हैं। वहाँ की संस्कृति और जीवन पर भारतीय संस्कृति की गहरी छाप मिलेगी। मगर कभी भी भारतीयों ने किसी देश को अपना उपनिवेश नहीं बनाया, किसी देश पर आक्रमण नहीं किया, कहीं तलवार का राज्य नहीं फैलाया, किसी भी सभ्यता और संस्कृति को नष्ट करने की कोशिश नहीं की। इससे क्या यह निष्कर्ष नहीं निकलता कि भारत ने सदा दूसरों की स्वाधीनता और संस्कृति का आदर किया। आज भी दूसरी सभ्यताओं, संस्कृतियों और दूसरे देशों के नागरिकों के प्रति एक सामान्य भारतीय के मन में क्या उसी प्रकार का प्रेम, सहयोग और अतिथि सत्कार का भाव नहीं है? भारत के साधारण लोग गरीब और भौतिक-यान्त्रिक दृष्टि से पिछड़े जरूर हैं पर उनके भीतर मनुष्यता के उच्चतर मूल्य जीवित और जाग्रत हैं।

किताबों के मेले में भारत

बम्बई हवाई अड्डे पर हीथ्रो के लिए जहाज में चढ़ते समय अन्तिम गेट पर खड़ी महिला सिपाही ने मेरा पासपोर्ट देखकर पूछा, ''आपका पासपोर्ट लखनऊ से बना है?'' फिर मेरी वेशभूषा (धोती-कुरता) निहारते हुए बोली—''क्या पूजा कराने लन्दन जा रहे हैं?'' मैं मुस्कराया और मेरे ठीक पीछे खड़े प्रयाग शुक्ल ने उत्तर दिया, ''हाँ, शब्द-पूजा कराने।''

वर्ष 2009 के लन्दन बुकफेयर का मार्केट फोकस था—भारत। इस अवसर (18 से 25 अप्रैल, 2009) पर ब्रिटिश कौंसिल ने भारत की लगभग पन्द्रह-सोलह भाषाओं से पचास-पचपन लेखकों को पुस्तक मेले में आमन्त्रित किया था। लेखक भारत के विभिन्न शहरों से थे अत: वे अपनी-अपनी सुविधानुसार विभिन्न स्थानों से अपनी-अपनी उड़ान से लन्दन पहुँचे। हम आठ लोग (सुतिन्दर सिंह नूर—पंजाबी, प्रयाग शुक्ल—हिन्दी, तमसुलाआओ—शिलांग, ममांग दोई—अरुणाचल, हरीश नारंग—अँग्रेजी, शफी शौक—कश्मीरी और मैं) दिल्ली से एक ही उड़ान से रवाना हुए। बम्बई में मलयाली कवि के. सच्चिदानन्दन और गुजराती लेखिका वर्षा अदलजा भी साथ हो गयीं। साहित्य अकादेमी के उपसचिव आर.के.शर्मा दिल्ली से ही साथ थे।

दिल्ली से बम्बई होते सोलह घंटों की थकाने वाली लम्बी यात्रा के बाद जब हम लन्दन के हीथ्रो हवाई अड्डे पर उतरे तो वहाँ शाम के पाँच बज रहे थे। हीथ्रो हवाई अड्डा जितना बड़ा और महत्त्वपूर्ण है, उतना सुन्दर नहीं। वह पुराना हवाई अड्डा है जबकि भारत के बंगलुरू और हैदराबाद में नये बने हवाई अड्डे बहुत सुन्दर हैं। हीथ्रो पर जब हम इमीग्रेशन हाल में पहुँचे तो वहाँ यात्रियों की दो लाइनें लगी थीं। एक के सामने बोर्ड पर लिखा था—'यूरप' और दूसरे के सामने—'अदर्स' (others)। के. सच्चिदानन्दन ने मुस्कराकर मुझसे कहा—दुनिया दो भागों में बँटी है—एक में यूरप और दूसरे में अदर्स। हमलोग 'अदर्स' वाली पंक्ति में खड़े हो गये और कहना चाहिए कि अपनी पूरी यूरप यात्रा में मैं अपने

और यूरप के बीच फाँक को महसूस करता रहा। वस्तुत: यूरप और भारत दोनों दो दुनिया हैं—रूप-रंग, वेशभूषा, खान-पान, भाषा-संस्कृति, सोच-विचार और स्वभाव हर दृष्टि से। यूरप का निवासी चाहे जितना विन्रम, मिलनसार और मददगार हो, कहीं-न-कहीं उसके अन्तर्मन में एक अभिजात्य बोध होता ही है, वह एक भारतीय को पिछड़े हुए देश और पिछड़ी हुई मानसिकता का मानता है और यदि उसकी मदद करता है तो अपने भीतर कहीं-न-कहीं उस पर कृपा करने का सुख महसूस करते हुए। वह अपनी भाषा, संस्कृति और सभ्यता को श्रेष्ठ मानता है और इसके लिए उसके पास एक सुदृढ़ आधार भी है क्योंकि वह हमारा शासक रहा है और हम उसके उपनिवेश।

हवाई अड्डे के बाहर ब्रिटिश कौंसिल के प्रतिनिधियों ने हमारा स्वागत किया और उनमें से एक ने अँग्रेजी में प्रफुल्ल भाव से कहा—आप लोग अपने साथ सूरज को भी लेकर आये हैं। अभी कल बादल था, आज मौसम बहुत ही सुहावना हो गया है। हमने देखा, नीले आकाश में अपराह्न का सूर्य चमक रहा था। हल्की ठंडी हवा बह रही थी। हमारी त्वचा को और उसके भीतर मन को भी तृप्त करती हुई। यह दिल्ली के शुरू दिसम्बर जैसा मौसम था और लन्दन के लिए गर्मियों के प्रारम्भ या वसन्त का। मुझे टी.एस.इलिएट के 'वेस्टलैंड' की पहली पंक्ति बरबस याद आयी—'अप्रिल इज द क्रूअलेस्ट मन्थ'। उस दिन संयोग से 18 अप्रैल था। इलिएट ने अप्रैल मास को निर्मम क्यों कहा है? क्या यह इस भूमि के निवासियों में कुछ भीतरी अभाव और अतृप्ति जगाता है? क्या ठंड में उनके भीतर की सिकुड़ी हुई रागात्मक कामनाएँ बदले मौसम में अँगड़ाई लेने लगती हैं? फिर क्या 'क्रूअल' (Cruel) कहने मात्र से इलिएट का काम नहीं चल रहा था? 'क्रूअलेस्ट' क्यों कहा उसने? क्या इसी महीने में रागतन्त्री का कम्पन सबसे तीव्र होता है? क्या वर्ष के बारहों महीनों का अलग-अलग दबाव महसूस किया था कवि ने और इस अप्रिल की ही झनकार उसे सबसे अधिक नुकीली महसूस हुई थी? मुझे हिन्दी के महाकवियों की अनेक पंक्तियाँ अचानक याद आने लगीं। तुलसी के राम बरसात के बादलों को देखकर डर जाते हैं—'घन घमंड गरजत चहुँओरा। प्रियाहीन डरपत मन मोरा।' तो सूरदास की गोपियों की वेदना बादलों को भी चुनौती देने लगती हैं—'सखी इन नैनन ते घन हारे।'

अब हम हवाई अड्डे के बाहर थे। स्वच्छ आसमान के नीचे। धुली हुई सड़क पर। जनसंख्या के दबाव और भीड़-भाड़ से मुक्त सड़क पर। मनोरम वनस्पतियों के बीच जो किशोरियों की तरह हवा के झकोरों में लहरा रही थी। बीच-बीच में चेरी के फीरोजी फूलों से गहबह तरु पूरे परिदृश्य में एक ऐसा रंग भर रहे थे जो भारतीय परिवेश में कम दिखाई पड़ता है। हिन्दी कवि धर्मवीर

भारती को शायद फीरोजी रंग बहुत प्रीतकर लगता था, तभी उन्होंने लिखा था—'इन फीरोजी होठों पर बरबाद मेरी जिन्दगी।'

और अब हम सेंट्रल लन्दन क्राम्बवेल रोड के होटल 'हालीडे इन' में थे जहाँ ब्रिटिश कौंसिल ने लन्दन बुकफेयर में पधारे सभी लेखकों को ठहराया था। यहाँ कुछ लेखक पहले से जमे थे, कुछ और आते जा रहे थे जिनमें अधिकांश मेरे पूर्व परिचित थे और कुछ अपरिचित भी थे। होटल के स्वागत हाल में आते-जाते, बैठे-खड़े दिख रहे थे—यू.आर.अनन्तमूर्ति, गिरीश कर्नाड, 'चौरंगी' के लेखक शंकर, सुनील गंगोपाध्याय, गोपीचन्द नारंग, जावेद अख्तर, रामचन्द्र गुहा, अनीता नायर, अन्तरादेव सेन, अनुजा चौहान, जीवन नामदुंग, वाई.डी. थोंगची, उदयनारायण सिंह, चिरंजीव बसु आदि। इनके साथ ब्रिटिश कौंसिल के प्रतिनिधि गण-सुजाता सेन, उमा ब्राडशा, रेबेका छेत्री, अमिताव दत्त, संजय सरकार और दिव्यांजन—जो लेखकों से बातचीत और उनके साथ सूचनाओं के आदान-प्रदान में व्यस्त थे। होटल का पूरा स्वागत हाल लेखकों के एक लघु भारत जैसा लग रहा था।

मैंने अनुभव किया कि ब्रिटिश कौंसिल इस लेखक सम्मेलन को एक विशिष्ट बौद्धिक ऊँचाई देने के लिए प्रयत्नशील था। इसके लिए उसने पुस्तक मेले में संगोष्ठियों, विमर्शों, व्याख्यानों और काव्यपाठों का आयोजन किया था। प्रत्येक विमर्श और काव्य पाठ में चार-चार, पाँच-पाँच लेखक शामिल थे जिनमें भारतीय लेखकों के साथ विदेशी लेखक भी थे। ये विमर्श और पाठ अर्ल्स कोर्ट (Earl's court) जहाँ पुस्तक मेला आयोजित था, में तो थे ही, उसके बाहर शहर में ब्रिटिश लाइब्रेरी, नेहरू सेंटर, रायल सोसाइटी आदि में तथा लन्दन शहर के बाहर बरमिंघम, एडिनबर्ग, मैनचेस्टर, कार्डिफ, ब्राडफोर्ड आदि स्थानों पर भी आयोजित किए गये थे। ये सारे साहित्यिक आयोजन बहुत ही स्तरीय थे जिनमें प्रत्येक में पचास से लेकर तीन सौ तक श्रोताओं की उपस्थिति होती थी। इन संगोष्ठियों के विषय भी बहुत गम्भीर थे जैसे—India writes, India speaks, Publishing and censorship in India, best sellers and popular writing, travel writing, literature of India, literature of conflict, literatare of the cinema, the Indian creative mind, Literature of Identity, the world of Fiction, Battle for the Indian reader आदि। पुस्तक मेले में भाग ले रहे लेखक और कौंसिल के कर्मचारी आयोजन के दरम्यान पूरे हफ्ते अतिव्यस्त रहे। साढ़े सात बजे प्रातः उनका दिन शुरू हो जाता था जो ग्यारह-बारह बजे रात तक सक्रिय रहता था। खुद मुझे इस अवधि में अखबार पढ़ने और टेलीविज़न खोलने तक की फुर्सत नहीं मिली और किसी भी दिन साढ़े ग्यारह बजे रात के पहले नहीं सोया।

अधिकांश आयोजन समानान्तर चल रहे थे, अतः सब में सबका भाग लेना सम्भव नहीं था। फिर भी संगोष्ठियों और लेखकों का आकर्षण ऐसा था कि सब की कोशिश अधिक-से-अधिक संगोष्ठियों में उपस्थित रहने की होती थी। मैंने पहले दिन अमर्त्य सेन का व्याख्यान सुना और बाकी दिन कुछ गोष्ठियों में उपस्थित रहा। उन सबके बारे में विस्तार से लिखना तो यहाँ शायद प्रासंगिक न हो पर जिन दो विमर्शों में मैं भी शामिल रहा उनके बारे में कुछ कहना चाहिए।

लन्दन की विश्वप्रसिद्ध ब्रिटिश लाइब्रेरी बहुत भव्य है। दुनिया भर की दुर्लभ पुस्तकें उसकी शोभा बढ़ाती हैं। ब्रिटेन में जो भी पुस्तक छपती है उसकी एक प्रति इस लाइब्रेरी को निःशुल्क भेजने का नियम है। ऐसा ही नियम भारत में कलकत्ता की नेशनल लाइब्रेरी के लिए भी है, पर वहाँ न तो रख-रखाव की पर्याप्त जगह है, न समुचित व्यवस्था। 20 अप्रैल को सायंकाल इस लाइब्रेरी के मुख्य सभागार में यात्रा लेखन पर विचार-विमर्श था। इसमें भाग लेने वाले लेखक थे—भारत की अँग्रेजी लेखिका अनीता नायर, मैं और यू.के.के अँग्रेजी लेखक विलियम डलरिमपल (William Dalrymple) तथा मार्टिन बकले (Martin Buckley)। विलियम छः वर्षों तक दिल्ली में रह चुके हैं और वहाँ जाते रहते हैं। भारत के बारे में उन्होंने कई पुस्तकें लिखी हैं जैसे—City of Djinns, The age of Kali, White Mughals, The Last Moghal : the fall of dynasty, Delhi 1857। इन पुस्तकों को इंग्लैंड, स्काटलैंड और फ्रांस में कई पुरस्कार मिल चुके हैं तथा इनमें से एक-दो बेस्ट सेलर रही हैं। मार्टिन बकले भी फ्रांस, इटली, तुर्की और भारत में पत्रकार के रूप में काम कर चुके हैं। उन्होंने डिस्कवरी चैनल के लिए यात्रा सम्बन्धी कुछ डाक्यूमेंट्रीज बनाई हैं। इन पर An Indian odyssey नाम की पुस्तक भी लिख चुके हैं। उन्होने बताया कि वे तीन बार अयोध्या की यात्रा कर चुके हैं। 'यात्रा लेखन' पर होने वाले विमर्श का संचालन मार्टिन को ही करना था। अतः वे पुस्तक मेले में ढूढ़ कर मुझसे मिले और विषय पर कुछ बातचीत की। मैंने उन्हें बताया कि मैं जो कुछ कहना चाहता हूँ उसे सम्भवतः प्रवाहपूर्ण अँग्रेजी में ठीक-ठीक व्यक्त न कर सकूँ, अतः मुझे एक अँग्रेजी अनुवादक भी चाहिए। इस पर मार्टिन, जिनसे मेरी बातचीत अँग्रेजी में ही हो रही थी, बोले कि आप बहुत अच्छी अँग्रेजी बोल रहे हैं इसलिए स्वयं ही अँग्रेजी में बोलिए। उनके प्रोत्साहन से मेरा आत्मविश्वास बढ़ा और मैंने अँग्रेजी में ही उनके प्रश्नों के उत्तर दिए, हालाँकि मेरी माँग पर एक अनुवादक को भी बुला लिया गया था। यह विमर्श बहुत जीवन्त रहा जिसमें लगभग दो सौ श्रोता उपस्थित थे और सूईभेद्य (पिनड्राप) शान्ति के साथ। मार्टिन ने गम्भीर व्यंग्य-विनोद और प्रत्युत्पन्नमति के साथ विमर्श का संचालन किया। उन्होंने मुझसे एक सवाल यह भी पूछा कि

विदेशियों ने भारत के बारे में जो कुछ लिखा है, उसे मैं किस रूप में ग्रहण करता हूँ। मैंने बताया कि वी.एस.नायपाल या नीरद चौधरी या ग्रुंटर ग्रास ने भारत की गरीबी और बदहाली को ही खास तौर से रेखांकित किया है। वे भारतीय लोक जीवन की गहराइयों में जाकर उनके मूल्यपरक सकारात्मक पक्ष का चित्रण नहीं कर सके हैं। मार्टिन ने यह भी जानना चाहा कि हिन्दी में यात्रा लेखन की स्थिति क्या है? मैंने बताया कि हिन्दी में आजकल कथेतर गद्य (Nou Fiction) में पाठकों की दिलचस्पी तेजी से बढ़ी है और यात्रावृत्तान्त, डायरी, संस्मरण, जीवनी, आत्मकथा आदि विधाएँ प्रमुख विधा बनने की ओर अग्रसर हैं।

दूसरे विमर्श का विषय था—'बेस्ट सेलर्स ऐंड पापुलर राइटिंग'। इसमें शामिल सभी लेखक भारतीय थे। प्रसिद्ध बँगला उपन्यास 'चौरंगी' के लेखक मणिशंकर मुखर्जी 'शंकर', अँग्रेजी लेखक चेतन भगत, अम्रुता पाटील, अनुजा चौहान और हिन्दी से मैं। विमर्श का संचालन कर रही थीं हारपर कालिन्स इंडिया की सम्पादक और प्रकाशक वी.के.कार्तिक। इस विमर्श में मैंने कहा कि हिन्दी में बेस्ट सेलर्स और पापुलर राइटिंग की अवधारणा वैसी नहीं है जैसी कि अँग्रेजी में। अँग्रेजी और यूरोपीय लेखक अपनी साहित्यिक स्वीकृति की परवाह किए बिना लिखते हैं जबकि इधर कुछ वर्षों से हिन्दी लेखकों की चिन्ता यह हो गयी है कि आलोचकों द्वारा उन्हें साहित्यिक स्वीकृति मिले। वे पाठक की चिन्ता न करके कुछ थोड़े से आलोचकों और लेखकों की चिन्ता से ग्रस्त हैं। इतना ही नहीं हिन्दी में पापुलर राइटिंग को साहित्यिक प्रकाशक गुलशन नन्दा जैसे पापुलर लेखक का उपन्यास छापें तो उसे घटिया स्तर का प्रकाशक मान लिया जाएगा। पहले ऐसी स्थिति नहीं थी। हिन्द पॉकेट बुक्स की घरेलू लाइब्रेरी योजना के अन्तर्गत एक-एक रुपये में सस्ती पुस्तकें उपलब्ध होती थीं, बल्कि पाँच रुपये की वी.पी.पी. से छः पुस्तकें भेजी जाती थीं जिनमें रवीन्द्रनाथ टैगोर की 'गीतांजलि', जवाहरलाल नेहरू की 'मेरी कहानी', टॉलस्टाय, गोर्की, कृश्नचन्दर, अमृता प्रीतम, कमलेश्वर, मोहन राकेश आदि की पुस्तकें होती थीं। पाठक यह तय करता था कि कौन स्तरीय और कौन स्तरीय नहीं है। अब पाठक परिदृश्य से गायब है और उसका स्थान कुछ थोड़े-से लेखकों ने ले लिया है जिनके बीच ही पुस्तकों की कुछ सौ प्रतियाँ बिसूरती रहती हैं। हिन्दी में पापुलर राइटिंग के नाम पर धार्मिक पुस्तकों, पाठ्यक्रमों में पढ़ाई जाने वाली पुस्तकों और विवादास्पद पुस्तकों की ही चर्चा की जा सकती है। गोरखपुर की प्रसिद्ध प्रकाशन संस्था 'गीताप्रेस' की धार्मिक पुस्तकें लाखों की संख्या में बिकती हैं। वहाँ से निकलने वाली 'कल्याण' नामक मासिक पत्रिका के धार्मिक विशेषांकों की दस लाख प्रतियाँ प्रकाशित होती हैं। पाठ्यक्रमों में पढ़ाए जाने के कारण मैथिलीशरण गुप्त, प्रेमचन्द, प्रसाद, निराला, महादेवी आदि लेखकों

की पुस्तकें भी काफी संख्या में बिक जाती हैं। इसी प्रकार सलमान रुश्दी और तस्लीमा नसरीन की पुस्तकों के अनुवाद विवादास्पद होने के कारण बिकते हैं। इनके अतिरिक्त हिन्दी में बच्चन की 'मधुशाला' या धर्मवीर भारती के उपन्यास 'गुनाहों का देवता' जैसी बहुत कम पुस्तकें हैं जिन्हें बेस्ट सेलर्स की कोटि में रखा जा सके। इस स्थिति पर हिन्दी लेखकों को गम्भीरता से विचार करने की जरूरत है।

ऊपर मैंने जिन दो विमर्शों की चर्चा की है उनमें श्रोता के रूप में लन्दन में रहने वाले बहुत से भारतीय भी थे। मुझे आश्चर्य मिश्रित प्रसन्नता हुई जब एक लड़की ने मुझसे हिन्दी में प्रश्न पूछा। बाद में कई श्रोताओं ने मुझसे कहा कि मुझे हिन्दी में बोलना चाहिए था क्योंकि सभा में हिन्दी समझने वाले श्रोताओं की कमी नहीं थी। एक महिला मिली जो वहाँ संस्कृत में न्याय-वैशेषिक पर काम कर रही थीं। यह स्थिति मेरे लिए रोमांचक, प्रीतिकर और उत्साहवर्धक थी कि हम लन्दन की किसी सभा में हिन्दी में भी बोल सकते हैं।

शिक्षा मन्दिर और साहित्य तीर्थ में

एक दशक पूर्व की गयी अपनी लन्दन यात्रा में न तो मैं ऑक्सफोर्ड जा सका न स्ट्रैटफोर्ड अपान एवन (Stratford-Unpon-Avon)। एक यदि शिक्षा का मन्दिर है तो दूसरा साहित्य का तीर्थ। इसका मुझे इतना अफसोस रहा कि दूसरी बार लन्दन का कार्यक्रम बनाने के साथ ही इन स्थानों पर जाने का भी निश्चय करके चला। मैं 18 अप्रैल को लन्दन पहुँचा और लगातार मित्रों के सम्पर्क में रहा कि दो-एक और सहयात्री बन जाएँ और दो मित्र मिल भी गये। एक श्री जीवन नामदुंग जो नेपाली के लेखक हैं और साहित्य अकादेमी में नेपाली के संयोजक भी तथा दूसरे अरुणाचल के श्री थोंगची।

21 अप्रैल, 2009। प्रातःकाल हम एक टूरिस्ट बस द्वारा ऑक्सफोर्ड और स्ट्रैटफोर्ड के लिए चले। यह संयोग ही है कि दो ही दिन बाद शेक्सपियर का जन्मदिन मनाया जाने वाला था और यह तो दुर्लभ संयोग है कि शेक्सपियर जिस तिथि को पैदा हुए थे उसी तिथि को उनका निधन भी हुआ था। अर्थात् 23 अप्रैल। ऐसा संयोग किसी-किसी के साथ घटित होता है। भगवान बुद्ध की प्राकट्य और परिनिर्वाण तिथि भी एक ही थी, अर्थात् ज्येष्ठपूर्णिमा जिसे बुद्धपूर्णिमा भी कहते हैं। शेक्सपियर अँग्रेजी के सबसे प्रसिद्ध लेखक हैं। सारी दुनिया की भाषाओं में उनकी कृतियों के अनुवाद हुए हैं। विश्वविद्यालयों में जहाँ भी अँग्रेजी विषय की शिक्षा दी जाती है, पाठ्यक्रम में शेक्सपियर का कोई-न-कोई नाटक अवश्य रहता है। मैंने स्वयं बी.ए. की कक्षा में शेक्सपियर के 'मैकबेथ' और 'ट्वेल्पथ नाइट' को पाठ्य पुस्तक के रूप में पढ़ा है। जिन-जिन देशों में अँग्रेजों के उपनिवेश रहे हैं, वहाँ-वहाँ शेक्सपियर का नाम सभी पढ़े-लिखे लोग जानते हैं। भारत में कुछ लोगों ने तो संस्कृत के महान नाटककार कालिदास को 'शेक्सपियर ऑफ इंडिया' कहा है जो कि असंगत है। मैं यहाँ कालिदास और शेक्सप्यिर की तुलना नहीं करने जा रहा हूँ, पर कालिदास यदि शेक्सपियर से डेढ़ हजार वर्ष पहले हुए थे तो शेक्सपियर को 'कालिदास ऑफ इंग्लैंड' कहा जाना चाहिए। पर सत्ता

के साथ भाषाओं और साहित्यों को भी प्रतिष्ठा मिलती रही है। अँग्रेजी को सत्ता का संरक्षण और विशेषाधिकार मिलने के कारण अँग्रेजी के साहित्यकार भी अन्य भाषाओं के साहित्यकारों की तुलना में दुनिया भर में ज्यादा विख्यात हैं।

टूरिस्ट बस ने सबसे पहले हमें ऑक्सफोर्ड पहुँचाया। ऑक्सफोर्ड एक शहर का नाम है जहाँ 12वीं-13वीं शताब्दी में ही कुछ कॉलेजों की स्थापना हुई, जहाँ शिक्षकों के निर्देशन में छात्र वहीं रहकर शिक्षा प्राप्त करने लगे। यह बहुत कुछ भारत के ऋषि-आश्रमों और गुरुकुलों की तरह था जहाँ भारतीय छात्र गुरु के सान्निध्य में रहते और शिक्षा प्राप्त करते थे। वे कॉलेज अपने में स्वतन्त्र और स्वायत्त थे जो अपने छात्रों की शैक्षणिक प्रगति, उनके सर्वांगीण विकास और उनकी आवासीय समस्याओं का भी दायित्व वहन करते थे। इन कॉलेजों की संख्या लगभग 40 के आसपास है जिनमें से कइयों के नाम सारी दुनिया में और भारत में भी गूँजते रहे हैं। जैसे क्राइस्टचर्च कॉलेज, ट्रिनीटी कॉलेज, क्वीन्स कॉलेस, सेंट क्रास कॉलेज, सेंट जान्स कॉलेज, यूनिवर्सिटी कॉलेज आदि। इनमें क्राइस्ट चर्च कॉलेज इस दृष्टि से विशिष्ट है कि यह कॉलेज के साथ प्रसिद्ध गिरिजाघर भी है। साथ ही इसमें लियोनार्दो और माइकेल ऐंजिलो आदि प्रसिद्ध चित्रकारों की दुर्लभ पेंटिंग्स का भी संकलन सुरक्षित किया गया है। इस कॉलेज के मुख्य द्वार से घुसते ही ट्यूलिप के लाल-लाल सुन्दर फूलों के दर्शन हुए। बाहर प्रशस्त परिसर और भीतर उसी आकार का आँगन। आश्चर्य की बात यह कि कॉलेज के भवन और परिसर को उसी प्रकार सुरक्षित रखा गया है या रखने की कोशिश की गयी है जैसे कि वह सैकड़ों वर्ष पूर्व अपने आरम्भिक काल में था। यहाँ तक कि टूटे हुए पलस्तरों, लकड़ी के फर्नीचरों आदि की मरम्मत भी नहीं की गयी है और न ही भवन की लिपाई-पुताई और रंगरोगन की कोशिश की गयी है। दीवारों पर काई की मोटी परतें जम गयी हैं। इस रूप में प्रथमद्रष्टया यह भवन किसी प्राचीन स्मारक या खंडहर जैसा लगता है। यही हाल ऑक्सफोर्ड के सभी कॉलेजों का है। इन कॉलेज समूहों के साथ पूरा ऑक्सफोर्ड नगर ही तेरहवीं-चौदहवीं सदी का परित्यक्त नगर जैसा लगता है। क्या यह अपनी प्राचीनता और परम्परा को सुरक्षित रखने का आग्रह है? या उससे बँधे रहने और जुड़े रहने का? या कि यह प्रदर्शित करने का कि हमारी सभ्यता और संस्कृति की महानता बहुत प्राचीन है? ऑक्सफोर्ड में घूमते हुए एक भारतीय के मन में नालन्दा और तक्षशिला जैसे विद्या केन्द्रों का स्मरण स्वाभाविक है। मैं तक्षशिला तो नहीं गया हूँ, पर अभी मुश्किल से छः माह पूर्व नालन्दा गया था। यह ऑक्सफोर्ड से सात सौ वर्ष पुराना अर्थात् पाँचवीं छठीं शताब्दी का विश्वप्रसिद्ध बौद्ध विद्याकेन्द्र था जहाँ अनेक महान् बौद्ध आचार्य रहते थे तथा जहाँ दुनिया भर से आकर छात्र

शिक्षा ग्रहण करते थे। यहाँ का पुस्तकालय तीन भवनों में नौ खंडों वाला था। कहा जाता है कि 12वीं शताब्दी में जब मुस्लिम आक्रमणकारी बख्तियार खिलजी ने इस पुस्तकालय में आग लगाई तो यह छः महीनों तक जलता रहा।

ऑक्सफोर्ड से हम काट्सवल्ड्स (Cots wolds) गये। यह भी ऑक्सफोर्ड की ही तरह इंग्लैंड की एक ऐतिहासिक धरोहर है। यह एक पुराना गाँव है जिसकी विशिष्टता यही है कि इसे भी अपने मूल रूप में ही सुरक्षित रखने की कोशिश की गयी है। यहाँ छोटे-मोटे एक मंजिल-दो मंजिल के भवनों का समूह है जिनकी दीवारें, छतें, खिड़कियाँ और लकड़ी के फर्नीचर आदि अपनी प्राचीनता और अँग्रेजों की पुरातनप्रियता की कथा सुना रहे हैं। इन भवनों में होटल, रेस्तराँ, दुकानें आदि भी चल रही हैं और इस प्रकार यह गाँव एक बाजार या कस्बे के रूप में विकसित हो गया है। यहाँ एक रेस्तराँ जो एक बाँग्लादेशी मुसलमान का था, में हम लोग भी भोजन करने गये। उसने हमलोगों से हिन्दी में बात की और हमें चावल, दाल तथा भिंडी की सब्जी परोसी। भोजन का स्वाद बिल्कुल भारतीय था, लेकिन यूरोपीय प्रभाव के कारण नमक कुछ फीका। होटल के लड़के ने बताया कि उस गाँव में एक ही भारतीय रहते हैं जिनका नाम रामबाबू है। उस लड़के की वाणी और उसकी आँखों में स्वदेश लौटने का संकल्प और स्वप्न छिप नहीं पा रहा था।

और अब हम साहित्यतीर्थ में थे अर्थात् स्ट्रैटफोर्ड में जो एवन (Avon) नदी के किनारे बसा होने के कारण Stratford upon Avon नाम से प्रसिद्ध है। यह अँग्रेजी के प्रसिद्ध नाटककार शेक्सपियर की जन्मभूमि है। हमने शेक्यपियर के उस घर को गौर से देखा जहाँ उनका जन्म हुआ था। उस घर की छतें आठ फीट से अधिक ऊँची नहीं हैं और दरवाजे पाँच फीट के, जिनमें सिर झुकाकर जाना पड़ता था और हाथ उठाने पर छत का स्पर्श किया जा सकता था। फर्श लकड़ी का है। घर में शेक्सपियर की सभी चीजें सुरक्षित रखी गयी हैं—कुर्सी, चारपाई, भोजन बनाने-खाने का सामान, आग तापने का अलाव आदि। एक-कमरे में शेक्सपियर के पिता के उद्योग के उपकरण भी रखे हैं जो हाथ का दस्ताना बनाने का कारोबार करते थे। इस घर की एक दीवार पर उन कुछ प्रसिद्ध लेखकों के हस्ताक्षर हैं जो इस घर के दर्शनार्थ आये थे, जैसे कि चार्ल्स डीकेन्स और टामस हार्डी आदि। मैंने रूस में तालस्तोय का भी संग्रहालय देखा है। इस संग्रहालय को देखते हुए दोनों लेखकों की सामाजिक-आर्थिक हैसियत का अन्तर स्पष्ट होता है। तालस्तोय जहाँ छोटे-मोटे राजा थे वहीं शेक्सपियर एक निम्नवर्गी विपन्न लेखक।

शेक्यपियर का यह पूरा गाँव अपने परम्परागत स्थापत्य में गुलजार है। एक

तरह के भवन और एक ही बनावट। हम लोग शेक्सपियर की पत्नी एन्नी हैथवे (Anne Hathaway) के घर भी गये जो एक सुरम्य प्राकृतिक परिवेश में है। उनके घर के पीछे एक सुन्दर विस्तृत उद्यान है जो ट्यूलिप और तरह-तरह के फूलों से भरा है। वहाँ (Flowering Cherry) के वृक्ष भी हैं जो फीरोजी और श्वेत रंग के फूलों से लदे हैं। यहाँ एन्नी के प्रयोग के कुछ सामान भी रखे हैं। एन्नी के उद्यान में मुझे एक व्यक्ति दिखा जो लार्ड क्लाइव की वेशभूषा में था। उसके ड्रेस की प्रशंसा करने पर उसने भी मेरे परम्परागत ड्रेस की प्रशंसा की और मेरे साथ एक चित्र भी खिंचवाया।

जब से हम लन्दन से रवाना हुए तभी से टूरिस्ट बस की उद्घोषिका बार-बार शेक्सपियर का नाम दुहरा रही थी। वह उन्हें ड्यूक ऑफ वेलिंग्टन से भी महान् बता रही थी जिन्होंने नेपोलियन को वाटरलू के मैदान में पराजित किया था। ऐसे अवसर पर मुझ भारतीय को वाल्मीकि, व्यास, कालिदास और तुलसीदास की याद आ रही थी। यह संयोग ही है कि तुलसीदास तो शेक्सपियर के समकालीन भी थे। शेक्सपियर का निधन 1616 ई. में हुआ था और तुलसीदास का 1623 ई. में। मगर तुलसीदास का हमारे देश में कोई ऐसा दर्शनीय स्मारक नहीं जहाँ विदेशी पर्यटक आकर्षित हों। हमने न तो विश्व स्तर पर तुलसीदास का प्रचार-प्रसार किया, न अपने ही देश में उनका कोई महत्त्वपूर्ण स्मारक बनाया। क्या विडम्बना है कि इसी तुलसीदास को एक अँग्रेज इतिहासकार (विंसेंट स्मिथ) ने ही अकबर से भी महान् बताया है[1] तथा, एक प्रसिद्ध अँग्रेज विद्वान (जार्ज ग्रियर्सन) ने जिनके 'रामचरितमानस' को बाइबिल के समान लोकप्रिय बताया है।[2] ऐसे महान् कवि का उसकी गरिमा के अनुकूल यदि कोई उपयुक्त स्मारक होता तो यह अपनी प्रतिभा का सम्मान तो होता ही, देश की आय का भी एक साधन होता। यूरप में छोटी-छोटी जगहों को विकसित करके मनोरम पर्यटन स्थल का रूप दे दिया गया है जहाँ लाखों पर्यटक जाते हैं और उससे प्राप्त आय सरकारी आय का एक महत्त्वपूर्ण हिस्सा बनती है। शेक्सपियर के जन्मस्थल पर ही प्रतिवर्ष पाँच लाख पर्यटक जाते हैं। यूरप के पर्यटन स्थलों को देखने के बाद मैंने महसूस किया कि उनसे हजार गुना ज्यादा ऐसे स्थल भारत में हैं जिन्हें हमारी सरकार पर्यटन स्थल बना सकती थी और हमारा टूरिज्म विभाग, आयकर और बिक्री कर विभाग जैसा ही राजस्व प्राप्त कर सकता था। लेकिन ऐसा कोई कल्पनाशील और देशभक्त राजनेता ही कर सकता है जिसकी बहुत-बहुत कमी हमारे देश में है। अपराधियों और मूर्खों से भरे हमारे राजनीतिक दल केवल कुर्सी पाने और दौलत इकट्ठा करने के लिए राजनीति कर रहे हैं।

लन्दन से ऑक्सफोर्ड, काट्सवल्ड्स और स्ट्रैटफोर्ड का रास्ता मनोरम है।

खेतों के बड़े-बड़े मैदान। टीलों और ढलानों वाले। सरसों की पीली फसलें और हरी घास। पीले और हरे रंग से आच्छादित भूमि। मोटे वृक्ष नहीं। पतली छरहरी वनस्पतियाँ। मैदानों में चरते भेड़ों के झुंड। विस्तृत मैदानों के बीच एक भी आदमी नहीं दिखता। कहीं भी जनसंख्या का दबाव नहीं...न शहरों में, न सड़कों पर, न खेतों में। फिर इस देश में खुशहाली क्यों न होगी? सड़कें इतनी स्वच्छ जैसे धुली हुई हों। गन्दगी न तो सड़कों पर न खेतों में। कस्बेनुमा छोटे-छोटे गाँवों में दो से तीन मंजिल तक के ही भवन। बिना पलस्तर बिना सजावट के, लेकिन साफ-सुथरे। सादगी का सौन्दर्य।

पाद टिप्पणी

1. ''फारसी के अधिकांश छन्दकारों की तुच्छता और अशुद्धता से एक महान् हिन्दू की सशक्त शुद्ध रचनाओं की ओर अभिमुख होने से बड़ा सुख प्राप्त होता है—वह जो मध्यकालीन काव्य-कला के 'जादुई उद्यान का सबसे ऊँचा वृक्ष' था। उसका नाम आईन-ए-अकबरी में अथवा किसी मुसलमान इतिहासकार के पृष्ठों में, अथवा फारसी इतिहासकारों के विवरणों पर आधारित यूरोपीय लेखकों की पुस्तकों में नहीं मिलेगा। तथापि वह हिन्दू अपने युग का भारत में महानतम व्यक्ति था—स्वयं अकबर से भी महान् इसलिए कि उसके द्वारा लाखों नर-नारियों के हृदयों और मस्तिष्कों पर प्राप्त की गयी विजय अकबर द्वारा युद्ध में प्राप्त की गयी किसी भी विजय, अथवा समस्त विजयों से कहीं अधिक स्थायी और महत्त्वपूर्ण थी।''

   —विन्सेन्ट ए. स्मिथ : 'द ग्रेट मुगल अकबर'

2. ''भारतीय इतिहास में तुलसीदास का महत्त्व किसी अत्युक्ति की अपेक्षा नहीं रखता। कृतियों की साहित्यिक विशिष्टता के अतिरिक्त भागलपुर से पंजाब और हिमालय से नर्मदा तक, सभी वर्गों द्वारा, उनकी सार्वजनीन स्वीकृति एक उल्लेखनीय तथ्य है। राजमहलों से कुटियों तक हर व्यक्ति ने उनके सर्वोत्कृष्ट अवदान रामचरितमानस को अपनाया है, हिन्दू जाति के ऊँचे-नीचे, धनी-निर्धन तथा युवा-वृद्ध, हर वर्ग के लोगों द्वारा वह समान रूप से पठित और प्रशंसित है। तीन सौ से भी अधिक वर्षों से यह कृति हिन्दू जनता के जीवन, चरित्र और वाणी में अनुस्यूत रही है और मात्र काव्य-सौन्दर्य के लिए सर्वप्रिय और प्रशंसित ही नहीं अपितु शास्त्रों के समान समादृत भी रही है। यह दस करोड़ जनता की बाइबिल है और वे इसे उसी प्रकार दैवी ग्रन्थ मानते हैं जैसे अँग्रेज पादरी बाइबिल को।''

   —सर जार्ज अब्राहम ग्रियर्सन : 'नोट्स ऑन तुलसीदास'

ब्रिटिश पार्लियामेंट का गड़गड़ाता आकाश

22.4.2009 को लन्दन के लार्ड्स हाउस में लार्ड महादेव देसाई के उपन्यास—'डेड ऑन टाइम' (Dead on Time) का लोकार्पण था जिसमें उन्होंने सभी भारतीय लेखकों को आमन्त्रित किया था। आमन्त्रण पत्र पर यह भी निर्देश था कि सब लोग Proper Dress (उपयुक्त पोशाक) में आवें। लेकिन आगे यह भी लिखा था कि Traditional Dress (परम्परागत पोशाक) के लिए कोई बन्धन नहीं है। वर्ष 2009 में यह निर्देश पढ़ कर मुझे गाँधी जी के साथ घटी उस घटना की याद हो आयी जिसमें उन्हें इंग्लैंड के राजा से मिलने के लिए 'उपयुक्त पोशाक' में जाने के लिए कहा गया था और गाँधी ने वह 'उपयुक्त पोशाक' धारण करने से इनकार कर दिया था। गाँधी ने कहा था, "हमारे देश के लोग इसी प्रकार आधा नंगे रह रहे हैं अत: उनका प्रतिनिधि होने के नाते मुझे भी उन्हें इसी रूप में पेश करना चाहिए।" आज भी जब ब्रिटिश संसद में प्रवेश के लिए उपयुक्त पोशाक का निर्देश है तो गाँधी के समय में कितनी कड़ाई से इसका पालन होता होगा, इसका अनुमान किया जा सकता है। बहरहाल, मैं तो अपनी परम्परागत पोशाक अर्थात् धोती-कुरते में था, अत: मेरे लिए तो छूट थी ही।

सर देसाई के उपन्यास लोकार्पण के बहाने मुझे ब्रिटिश संसद को अन्दर से देखने का अवसर मिल गया जिसे पिछली लन्दन यात्रा में बाहर-बाहर से ही देखा था। टेम्स नदी के किनारे चर्च के स्थापत्य में पीतवर्ण सुनहले पत्थरों से निर्मित यह भवन अत्यन्त भव्य, मजबूत और आकर्षक है। इसमें कोई सन्देह नहीं कि इंग्लैंड में लोकतन्त्र की जड़ें बहुत गहरी हैं और उसे लोकतन्त्र की जननी भी कहा जाता है। कम-से-कम आधुनिक काल के सन्दर्भ में तो ऐसा कहना उचित भी है जिसका उदाहरण भी तुरन्त दिखा। संसद के सामने ईराक और श्रीलंका के पक्ष में प्रदर्शन हो रहा था। प्रदर्शनकारी हाथों मे तख्तियाँ लिये जोर-जोर से नारे लगा रहे थे और पुलिस द्वारा बनाए गये अवरोध को तोड़कर अन्दर आना

चाहते थे। संसद भवन के सामने लम्बाई में दस-दस फीट पर पुलिस के जवान खड़े थे जिनकी वर्दियों पर लिखा था—'कास्मापॉलिटन पुलिस'। आज संसद का बजट सत्र चल रहा था। इस अवसर पर संसद की सुरक्षा के लिए किया गया जो दृश्य मैंने देखा वह मेरे लिए आश्चर्य और कुतूहल का दृश्य था। संसद भवन के ठीक ऊपर एक हेलीकाप्टर बिल्कुल स्थिर दिखाई पड़ रहा था जिसकी केवल पंखियाँ घूम रही थीं और उसके चारों दिशाओं में चार हेलीकाप्टर आसमान में मँडरा रहे थे। उनके अतिरिक्त एक हवाई जहाज कुछ दूरी से वृत्त बनाता इन पाँचों हेलीकाप्टरों को घेरे हुए उड़ रहा था। गजब की सुरक्षा व्यवस्था थी वह। मैंने एक पुलिसकर्मी से पूछा कि क्या ऐसा रोज और चौबीस घंटे होता रहता है? उसने बताया कि नहीं, ऐसा विशेष अवसरों पर किया जाता है। संसद का आकाश गड़गड़ा रहा था। मुझे तो यह एक काव्य-प्रतीक जैसा लग रहा था। नीचे संसद और ऊपर गड़गड़ाते विमान। लगभग युद्धकालीन दृश्य था। हम जिस समय में रह रहे हैं क्या सचमुच वह लोकतन्त्र बनाम आतंकवाद का युग नहीं लगता? मनुष्य ने अपने राजनीतिक जीवन मे कितनी लम्बी संघर्षपूर्ण यात्रा की है—राजतन्त्र से लोकतन्त्र तक। और अब उसे आतंकवाद की चुनौती झेलनी पड़ रही है। ऐसे सिरफिरे हिंसावाद की, जिसकी न कोई दिशा है न कोई मंजिल।

संसद के प्रवेश द्वार पर हम सबके चित्र खींचे गये और उसकी एक प्रति हमारे गले में लटका दी गयी। यह व्यवस्था संसद में प्रवेश करने वाले हर व्यक्ति पर लागू है। फिर हमने लार्ड्स हाउस में प्रवेश किया जहाँ उपन्यास—लोकार्पण कार्यक्रम था। लोकार्पण क्या था, वह एक तरह का लेखक मिलन कार्यक्रम था जिसमें शेम्पेन की बोतलें खुली थीं और उनमें अपनी इच्छानुसार डूबा जा सकता था। साथ में मांसाहारी और शाकाहारी कुछ तला-भुना खाद्य पदार्थ भी था। श्री देसाई ने पुस्तक के बारे में कुछ वाक्य कहे और सबको धन्यवाद दिया। लगभग डेढ़ घंटे का कार्यक्रम था। लन्दन और यूरप के अनेक ऐसे कार्यक्रमों में मैंने लक्ष्य किया कि दोपहर हो या शाम या रात वहाँ शराब का प्रबन्ध जरूर होता है। जो नहीं पीते उनके लिए जूस। लेकिन न पीने वालों की संख्या एक फीसदी होती है। भारतीय लेखकों में भी सौ में ९९ मदिरा प्रेमी हैं। शाकाहारी भी दस पन्द्रह फीसदी ही होंगे। कुछ मौसम के और कुछ पहले से चली आती आदतों के कारण यूरप के जीवन में शराब एक अनिवार्य तत्त्व के रूप में जुड़ गयी है। स्त्री-पुरुष, किशोर-वृद्ध, व्यवसायी-बुद्धिजीवी सब सहज भाव से उसका सेवन करते हैं। अत: हर अतिथि के लिए, हर आयोजन में उसे पेश किया जाता है। एक दिन इंडिया हाउस अर्थात् भारतीय दूतावास

में भारतीय हाई कमिशनर (राजदूत) ने भारतीय लेखकों को रात्रिभोज दिया था। वहाँ भी उसी प्रकार का प्रबन्ध था जिसकी चर्चा ऊपर कर चुका हूँ। हाँ, हाईकमीशन वाले भोज में भारतीय भोजन परोसा गया था जो यूरोपीय भोजों में नहीं मिलता। एक दिन Kensington Roof Garden में रात्रि भोज था। इस भोज में पहुँचकर मैंने एक अद्भुत दृश्य देखा। भोज की व्यवस्थ छठी मंजिल पर थी, लेकिन वहाँ दो-तीन मोट-मोटे वृक्ष खड़े थे, कुछ झाड़ियाँ थीं, एक प्राकृतिक नाला बह रहा था। ऐसा लगता था जैसे हम किसी पर्वतीय या वन्य परिवेश में उपस्थित हों। और जो कुछ हम अपनी आँखों से देख रहे थे वह कृत्रिम नहीं, वास्तविक परिवेश था। इतनी ऊँचाई पर इस प्रकार का प्राकृतिक परिवेश जितना आकर्षक था उतना ही आश्चर्य पैदा करने वाला। एक और दिन एक और आयोजन था लन्दन रिव्यू बुकशॉप की ओर से। यह लन्दन की एक पुरानी और बहुत अच्छी पुस्तकों की दुकान मानी जाती है। छोटी, लेकिन महत्त्वपूर्ण और चुनी हुई पुस्तकों की दुकान। इसमें विषय क्रम से पुस्तकें रखी थीं। मैंने एक शेल्फ देखा जिसमें केवल यात्रा संस्मरण (Travel writing) की पुस्तकें थीं। मुझे लगा कि इस शेल्फ में हिन्दी के राहुल सांकृत्यायन की यात्रा पुस्तकें भी होनी चाहिए थीं, वे शायद वहाँ होतीं भी पर यदि अँग्रेजी में उनके अनुवाद हुए होते। हिन्दी में बहुत बड़े-बड़े लेखक हुए हैं और बहुत श्रेष्ठ लेखन भी हुआ है, पर अनुवाद में न होने के कारण वह केवल हिन्दी क्षेत्र में सिमट कर रह गया है। हिन्दी साहित्य को यदि ठीक से विदेशों में प्रोजेक्ट करने की व्यवस्था हो जाय तो यह साहित्य किसी से कम प्रभाव नहीं छोड़ेगा।

लन्दन और यूरप के अनेक दोपहर या सायंकालीन आयोजनों में मैंने देखा कि पीने-पिलाने की व्यवस्था तो बहुत अच्छी होती है पर लंच या डिनर की व्यवस्था प्रायः नहीं होती। केवल कुछ स्नैक्स पर ही काम चला दिया जाता है। ऐसे आयोजनों में न किसी प्रकार की औपचारिकता दिखती है न कोई स्वागत-व्याख्यान आदि। ये एक प्रकार से परस्पर मिलन कार्यक्रम होते हैं।

ब्रिटिश पार्लियामेंट, पार्लियामेंटों की माता कही जाती हैं। पर गाँधी ने 'हिन्दस्वराज' में इसे बाँझ और वेश्या कहा था। 'वेश्या' शब्द इतना कड़ा था कि इसे उन्होंने एक महिला मित्र की आपत्ति पर बदल दिया था। 1909 में लिखे गये 'हिन्दस्वराज' में यही एक ऐसा शब्द था जिसे गाँधी ने बदला था। वस्तुतः गाँधी ने पार्लियामेंट्री डिमोक्रेसी का समर्थन मजबूरी में किया था। वे लोकराज्य चाहते थे। उनकी कल्पना ग्राम स्वराज्य और रामराज्य की थी। लेकिन उस समय भारत का मानसिक स्तर उस लायक नहीं था। 'हिन्दस्वराज' पर

1921 में लिखी अपनी टिप्पणी में वे लिखते हैं, ''लेकिन मैं पाठकों को एक चेतावनी देना चाहता हूँ। वे ऐसा न मान लें कि इस किताब में जिस स्वराज्य की तस्वीर मैंने खड़ी की है, वैसा स्वराज्य कायम करने के लिए आज मेरी कोशिशें चल रही हैं। मैं जानता हूँ कि अभी हिन्दुस्तान उसके लिए तैयार नहीं है। ऐसा कहने में शायद ढिठाई का भास हो, लेकिन मुझे तो पक्का विश्वास है कि इसमें जिस स्वराज्य की तस्वीर मैंने खींची है, वैसा स्वराज्य पाने की मेरी निजी कोशिश जरूर चल रही है। लेकिन इसमें कोई शक नहीं है कि आज मेरी सामूहिक प्रवृत्ति का ध्येय तो हिन्दुस्तान की प्रजा की इच्छा के मुताबिक पार्लियामेंट्री ढँग का स्वराज्य पाना है।''

एडिनबर्ग में काव्यपाठ

23 अप्रैल, 2009 को ब्रिटिश कौंसिल ने एडिनवर्ग की स्काटिश पोएट्री लाइब्रेरी में काव्यपाठ का एक कार्यक्रम रखा था जिसमें मुझे, उदयनारायण सिंह और मेगबेटमैन (Meg Bateman) को काव्यपाठ करना था। बेटमैन स्काटलैंड की प्रमुख युवा कवयित्री हैं जिनका जन्म एडिनवर्ग में 1959 में हुआ था। वह एक विश्वविद्यालय में प्राध्यापिका हैं और उनके तीन कविता संकलन प्रकाशित हैं। उदयनारायण सिंह मैथिली में 'नचिकेता' नाम से कविताएँ लिखते हैं। हम और उदयनारायण सिंह 23 अप्रैल को ही लन्दन से एडिनवर्ग के लिए रवाना हुए। इंग्लैंड में रेल की व्यवस्था के बारे में न लिखना उसके साथ अन्याय होगा। मैं भारत के एक गाँव का रहने वाला हूँ जहाँ शाम की गाड़ी पकड़ने के लिए लोग सुबह ही रवाना हो जाते हैं। मैं स्वयं अपने शहर के रेलवे प्लेटफार्म पर 45 मिनट पहले पहुँच जाता हूँ। मुझे गाड़ी पकड़ने के तनाव में देखकर ब्रिटिश कौंसिल के कार्यकर्ताओं ने कहा कि वहाँ गाड़ी छूटने के दस-पन्द्रह मिनट के पहले प्लेटफार्म खुलते हैं और तभी जाने देते हैं। गाड़ी छूटने का समय दिन के बारह बजे था। वह ठीक ग्यारह बज कर साठ सेकेंड पर चल पड़ी और चार बज कर साढ़े सत्रह मिनट पर एडिनवर्ग पहुँच गयी। ड्राइवर ने माइक पर यात्रियों से डेढ़ मिनट देर हो जाने के लिए क्षमा याचना की, क्योंकि गाड़ी के पहुँचने का समय चार बज कर सोलह मिनट था। एक भारतीय यात्री को आश्चर्य होगा कि चार घंटे सोलह मिनट में गाड़ी ने 610 किलो मीटर की यात्रा पूरी की और मात्र डेढ़ मिनट लेट हुई।

लन्दन से एडिनवर्ग का रास्ता मनोरम है। ढालुई जमीन। हरियाली से आच्छादित, जैसे कालीन बिछे मुलायम टीले। ऐसा लगता कि इन्हें प्रकृति ने नहीं, मनुष्य ने नाप-जोख कर बनाए हैं। क्षितिज तक विस्तार में केवल दो ही रंग— या तो पीला या हरा। पीला रंग सरसों का है। वहाँ एक व्यक्ति ने बताया कि इसका तेल जानवरों के खाने के काम आता है। हरा रंग घास का है। वह भी जानवरों के खाने के लिए है। यह कृषि भूमि सुन्दर है। खेतों में जगह-जगह

भेड़ों, घोड़ों, गायों के झुंड दिख रहे हैं। इक्का-दुक्का फूल लदे चेरी के वृक्ष परिदृश्य को सुशोभित कर रहे हैं। लन्दन से ठीक दो घंटे बाद यार्क नामक शहर के स्टेशन पर गाड़ी रुकती है। फिर न्यूकैसिल स्टेशन पर। यह नदी किनारे स्थित है। इस शहर में कुछ बहुमंजिले भवन भी दिखे। वैसे इस रास्ते में यह देख कर अच्छा लगा कि प्रायः सभी भवन दो मंजिले हैं। सम्भवतः यहाँ भवनों की ऊँचाई प्रतिबन्धित है। इन भवनों की छतें पहाड़ी भवनों की छतों की तरह ढलुआँ हैं। इस ठंडे प्रदेश में इस प्रकार की बनावट जरूरी थी। हर घर में धुआँ निकलने की चिमनी भी बनी है। एडिनबर्ग के कुछ पहले ट्रेन समुद्र के किनारे-किनारे कुछ दूर तक दौड़ती है जिसे मेरिन ड्राइव भी कह सकते हैं। आकाश मेघाच्छन्न है और धरती पर ट्रेन तेजी से दौड़ रही है, क्षितिज के बीच।

एडिनवर्ग स्टेशन पर ब्रिटिश कौंसिल की एक महिला कर्मचारी मिलेना-मलवे (Malena Malbaek) हमारी प्रतीक्षा में हैं जो हमें टैक्सी द्वारा पास ही में मैकडोनाल्ड होलीरुड होटल (Macdonald holyrood hotel) ले जाती हैं, जहाँ हमें रुकना है। होटल से हम आनन-फानन में तैयार होकर स्काटिश पोएट्री लाइब्रेरी पहुँचते हैं जहाँ हमारा काव्य पाठ आयोजित है। कार्यक्रम में कुल 35 श्रोता हैं जिनमें 30 महिलाएँ हैं। लेकिन ये कविता प्रेमी सहृदय श्रोता हैं। नैंने अपनी 'आरामशीन' शीर्षक कविता पहले मूल हिन्दी में पढ़ी फिर अँग्रेजी में उसका अनुवाद पढ़ा। बाद में एक श्रोता, जो हिन्दी नहीं समझता था, ने कहा कि मेरी हिन्दी कविता का जो असर उस पर पड़ा, वह अँग्रेजी अनुवाद का नहीं। उसका कहना था कि इस कविता का अँग्रेजी अनुवाद कमजोर है। इसी प्रकार मेरी 'फिर भी कुछ रह जाएगा' शीर्षक कविता में एक शब्द आता है—'ब्रह्मास्त्र'। इसका अनुवाद The Supreme Weapon या mega weapon किया गया था। एक अन्य सजग श्रोता ने इसका वास्तविक अर्थ जानना चाहा। मेरी एक अन्य छोटी-सी कविता—'सपने'—के अँग्रेजी अनुवाद की फोटो प्रति कराकर एक श्रोता ने लिया जिनका नाम है—Dr. Henrietta Lidehi, जो नेशनल म्यूजियम स्काटलैंड से सम्बद्ध हैं। उदयनारायण सिंह ने अपनी कविताएँ पहले मैथिली और बाद में अँग्रेजी में पढ़ीं।

स्काटलैंड लन्दन के सुदूर उत्तर में स्थित यूनाइटेड किंगडम (U.K.) का एक अलग राज्य है। इसमें पौंड के अलावा इसका अपना सिक्का भी चलता है। सांस्कृतिक दृष्टि से यह समृद्ध राज्य है। यह भारत के केरल राज्य की तरह उत्तर-दक्षिण की लम्बाई में बसा हुआ है। इसकी राजधानी है एडिनवर्ग। यह नामकरण एडविन नाम के एक राजा के नाम पर हुआ है। यह 15वीं शताब्दी से स्काटलैंड की राजधानी है। इस शहर को देख कर ही इसकी प्राचीनता का अनुमान हो जाता

है। इसका स्थापत्य और इसकी सड़कें-गलियाँ आदि सभी इसकी प्राचीनता प्रमाणित करती हैं। यह एक शान्त शहर है। हम लोगों की देख-रेख में लगी महिला मिलेना मलवे ने बताया कि वह डेनमार्क की रहने वाली है जो कि एडिनवर्ग से भी शान्त और विरल आबादी वाला है। मैंने स्काटलैंडयार्ड पुलिस का नाम सुन रखा था जो दुनिया भर में प्रसिद्ध है मगर स्काटलैंड में मुझे कोई पुलिस दिखाई ही नहीं पड़ी।

दूसरे दिन (24-4-2009) प्रात: जब मैं नाश्ता करने होटल के लाउंज में पहुँचा मुझसे एक लड़के ने हिन्दी में बात की। वह हिमाचल का रहने वाला था और वहाँ अपनी पढ़ाई कर रहा था। उंसका साथी लड़का मुरादाबाद का रहने वाला था जिसने होटल मैनेजमेंट का कोर्स पास किया था। जीविका के लिए भारतीय युवकों को घर से इतनी दूर निकलना पड़ा था। उन्होंने चुन-चुन कर शाकाहारी भोज्य पदार्थ मेरी प्लेट में रखे। उन लड़कों से मिल कर मुझे खुशी तो बहुत हुई, पर उनके विस्थापन से दुख भी हुआ।

बादल घिरे हैं। खिड़की के दोनों ओर क्षितिजों तक आकाश में उनका वैभव फैला है। गाड़ी 150 किलोमीटर प्रति घंटे की रफ्तार से एडिनवर्ग से लन्दन की ओर दौड़ रही है। मिलेना मालवे ने टैक्सी से स्टेशन लाकर ट्रेन में बिठा दिया और तब तक प्लेटफार्म पर खड़ी रही जब तक ट्रेन ने खिसकना नहीं शुरू कर दिया। वहाँ गाड़ियाँ कान फाड़ने वाले स्वर में भोंपू नहीं बजातीं। प्लेटफार्म पर गाड़ियों को रवाना करने वाले कर्मचारी ही मुँह से सीटी बजाकर उसे रवाना कर देते हैं। जब रेल कर्मचारियों ने सीटी बजाई, मिलेना ने मुस्करा कर हाथ हिलाया। वैसे वह लगातार मुस्करा रही थी जैसे यह भी उसकी ड्यूटी का एक जरूरी हिस्सा हो। वह स्मार्ट, सक्रिय और विनम्र महिला है। प्रात: साढ़े सात बजे वह हमारे होटल आ गयी और उदयनारायण सिंह को साथ लेकर हवाई अड्डे पहुँचाया। फिर ठीक नौ बजे मुझे स्टेशन पहुँचाने के लिए आ गयी। विदेश में छोटी-छोटी समस्याएँ भी बड़ी हो जाती हैं। जैसे उस दिन साढ़े नौ बजे जो ट्रेन लन्दन जाने वाली थी वह किसी तकनीकी कारण से रद्द हो गयी। लेकिन ठीक उसी समय एक दूसरी ट्रेन आयी जिसमें मुझे h कोच में किसी भी सीट पर बैठ जाने की छूट थी, जबकि मेरा आरक्षण g कोच में 60A पर था। यदि मिलेना न होती तो मेरे लिए इतनी छोटी-सी बात का जानना मुश्किल था, क्योंकि मैं प्लेटफार्म पर नौ बज कर बीस मिनट पर पहुँचा था जबकि गाड़ी नौ बज कर तीस मिनट पर चल देती है। मुझे टायलेट (Toilet) के बारे में भी पूछना पड़ा कि कैसे दरवाजा खुलेगा और फिर अन्दर से बाहर आने के लिए कौन-सा बटन दबाना होगा। वैसे ट्रेन का कमोड बहुत गन्दा था क्योंकि वहाँ पर पाखाना होने के बाद लोग पानी

की जगह कागज का इस्तेमाल करते हैं। कमोड कागजों से भरा था। लन्दन के किंग क्रास स्टेशन पर गाड़ी ठीक दो बज कर दस मिनट पर पहुँच गयी जो कि उसका निश्चित समय था। ब्रिटिश कौंसिल का कोई व्यक्ति स्टेशन पर उपस्थित नहीं था जबकि मुझसे कहा गया था कि वहाँ कोई रहेगा जो मुझे अपने साथ होटल ले आएगा। मैंने पाँच मिनट प्रतीक्षा की फिर किसी से पूछ कर बगल में टैक्सी स्टैंड से टैक्सी लेकर चला। भारत के शहरों में इतनी आपराधिक घटनाएँ होती हैं कि मन हमेशा आशंकाग्रस्त रहता है। मैं डर रहा था कि कहीं यह टैक्सीवाला मुझ अकेले विदेशी को पाकर कुछ बदसलूकी न करे। मगर उसने मुझे सीधे रास्ते से सकुशल होटल पहुँचा दिया। होटल हालीडे इन, केन्सिंग्टन फोरम, 97 क्राम्बवेल रोड।

द अदर इज हेवेन

प्रसिद्ध फ्रांसीसी विचारक ज्याँ पाल सार्त्र का एक कथन प्रायः उद्धृत किया जाता है—'द अदर इज हेल' ('दूसरा', नरक की तरह है)। यह अस्तित्ववाद की तार्किक अवधारणा हो सकती है, मगर मैंने जीवन में अक्सर 'दूसरे' को स्वर्ग जैसा महसूस किया है—'द अदर इज हेवेन'। दो के मिलने से ही इस सृष्टि का सृजन होता है, दो के सहयोग से ही दुनिया सुन्दर बनती है और दो के मिलने से ही दोनों निर्भय होते हैं। 'दूसरे' की उपस्थिति से स्वाधीनता छिनती है, शान्ति और एकान्त भंग होता है'—यह विचार इसलिए भी सच नहीं है क्योंकि दो के बिना एक की स्वाधीनता की कल्पना ही निरर्थक है।

मैं 18 अप्रैल, 2009 को जब दिल्ली से लन्दन के लिए रवाना हुआ था तो मेरे साथ आठ परिचित भारतीय, मित्र लेखक थे। लेखकों का भरा-पूरा परिवार। लेकिन 25 अप्रैल को जब लन्दन से नीदरलैंड के लिए रवाना हुआ तो मैं अकेला हो गया। उदयनारायण सिंह और टैक्सी के ड्राइवर ने जब मुझे हीथ्रो हवाई अड्डे के चार नम्बर टर्मिनल पर उतार दिया तो हाथ में अटैची और कन्धे पर झोला लटकाए मैं निपट अकेला भारतीय सोचने लगा, अब क्या करूँ, कहाँ कैसे जाऊँ? वहाँ खड़े अफ्रीकी गार्ड से इशारे से पूछा तो उसने लिफ्ट की ओर इशारा कर दिया कि उससे नीचे चले जाओ। मैं जानता नहीं था कि कौन-सा बटन दबा कर मुझे कितना नीचे जाना है। खैर, उसने मुझे लिफ्ट में खड़ा कर एक बटन दबा दिया और लिफ्ट ने मुझे नीचे पहुँचा दिया। लेकिन वहाँ भी कोई आदमी नहीं। अब किससे पूछूँ कि किधर जाऊँ। मगर यही तो विशेषता है जीवन की कि उसमें 'एक' को कोई-न-कोई 'दूसरा' मिल जाता है। मेरी एक छोटी-सी कविता है—'कोई-न-कोई'—जो ऐसी ही मनःस्थिति में कभी लिखी गयी थी।[1]

1. *मैं रहूँ न रहूँ*
   होगा जरूर
   कोई न कोई

मुझे एक विदेशी महिला दिखी जो उसी लिफ्ट से मेरे उतरने के कुछ क्षण बाद उतरी और ट्राली पर अपना सामान लादे तेजी से चलने लगी। मैंने लपक कर उससे पूछा, 'के.एल.एम. एयर लाइन्स' अर्थात् मुझे के.एल.एम. एयर लाइन्स जाना है। उसे भी उसी के पास जाना था, अत: उसने अपने पीछे चलने का संकेत किया और इस प्रकार मैं उसके पीछे सम्मोहित बालक-सा दायें-बायें सीधे-तिरछे दौड़ते हुए अपने गन्तव्य पर पहुँच गया। यदि वह न मिलती या कोई 'दूसरा' न मिलता तो मैं वहीं खड़ा रह जाता अपने एकान्त में, जहाँ दस मिनट पहले खड़ा था, या उसी लिफ्ट के पास जहाँ दस मिनट और पहले खड़ा था। मैंने जीवन में एक नहीं, हजार बार महसूस किया है—द अदर इज़ हेवेन।

लन्दन का हीथ्रो हवाई अड्डा दुनिया के व्यस्ततम और विशालतम हवाई अड्डों में एक है। अमेरिका के वर्ल्ड ट्रेड सेंटर पर हमले के बाद पूरब नें और खास तौर पर लन्दन में जाँच पड़ताल बहुत सख्त हो गयी है। पिछली बार 2007 में न्यूयार्क जाते हुए इस हवाई अड्डे पर मैंने स्वयं यह महसूस किया था। मगर

नाम बदल जाते
बदल जाते रूप
मगर होता है
हर समय हर जगह
कोई न कोई

राह तो ढूढ़नी होती है खुद
मगर कर देता इशारा
कोई-न-कोई

देखना
जब कुछ भी न पड़े दिखाई
देखना
जब अँधेरा हो घना
और दम घुट रहा हो तुम्हारा
जैसे डूबते हुए आदमी का
देखना
जहाँ भी हो
वहीं
मैं रहूँ न रहूँ
होगा जरूर
कोई-न-कोई।

(फिर भी कुछ रह जाएगा-संग्रह से)

इस बार तो चमत्कार हो गया। सुरक्षा जाँच के लिए जब मैं आगे बढ़ा, नीग्रो सिपाही ने बिना मेरे शरीर का स्पर्श किए आगे बढ़ जाने का संकेत कर दिया। मेरी सारी आशंका अपने आप दूर हो गयी। सुरक्षा घेरे के ठीक बाद अमेरिकन एक्सप्रेस फॉरेन एक्सचेंज काउंटर है जहाँ से कुछ पाउंड देकर मैंने चालीस यूरो लिया। इंग्लैंड के अलावा पूरे यूरप में 'यूरो' नाम का सिक्का चलता है। उस काउंटर पर बैठी लड़की मेरी वेशभूषा (धोती-कुरता) देखकर हिन्दी में बातचीत करने लगी। मेरे पूछने पर उसने अपना घर दिल्ली बताया और उसके पूछने पर मैंने अपना लखनऊ। उसने कहा कि वह भी लखनऊ में ही पैदा हुई है, लेकिन बाद में वहाँ नहीं गयी।

के.एल.एम. एयरलाइन्स डच रायल एयरलाइन्स है जिससे मैं हीथ्रो से अम्सटर्डम के लिए रवाना हुआ। यह यात्रा कुल 45 मिनट की है, लेकिन बीच में भौगोलिक अक्षांश-देशान्तर के परिवर्तन से हमारे समय का एक-डेढ़ घंटा पता नहीं कहाँ गायब हो जाता है। हीथ्रो से मैं चला दिन के तीन बजे और अम्सटर्डम पहुँचा पाँच बजे, जबकि मेरी घड़ी बजा रही थी—3.45। हीथ्रो से अम्सटर्डम के बीच वायुयान जितना नीचे उड़ रहा था उतना मेरी वायु यात्राओं में शायद ही कभी उड़ा हो। यान समुद्र के ऊपर से गुजरता है जिसे ब्रिटिश या इंग्लिश चैनल कहते हैं। यान से नीचे बादलों का वैभव देखते बनता है। जहाँ तक दृष्टि पहुँचती है केवल बादलों के पुंज दिखाई पड़ते हैं—रूई के विशाल ढेर की तरह। सुमित्रानन्दन पन्त की 'बादल' कविता याद आती है। बादलों के बीच-बीच में जहाँ दरारें होती हैं वहाँ समुद्र का स्वच्छ नीला जल और उसमें चलते जहाज दिखते हैं। ये जलयान अपने पीछे जल का श्वेत राजपथ बनाते चलते हैं जिसे ऊपर से साफ देखा जा सकता है और जो कुछ ही क्षणों में लुप्त होते जाते हैं। राजाओं के लिए भी राजपथ स्थायी कहाँ हुआ करते हैं। वायुयान से जलयानों का यह दृश्य अम्सटर्डम तक दिखता रहता है।

मेरी असली मुसीबत तब शुरू होती है जब अम्सटर्डम हवाई अड्डे से बाहर निकलने के लिए इमीग्रेशन पर पहुँचता हूँ। वहाँ बैठी हुई महिला मेरा पासपोर्ट देख कर कुछ प्रश्न करती है जैसे कि मैं क्यों आया हूँ, कितने दिन रुकूँगा, कब लौटूँगा आदि। इसके बाद उसका प्रश्न होता है—'How much money you have'। मैं बताता हूँ—'Forty Euro'। वह कहती है—'No money, No entry'। मैं कहता हूँ—'I have some pounds and dollars also'। लेकिन वह कुछ नहीं सुनती और मेरे मामले को कस्टम विभाग को सौंप देती है। फिर कस्टम अधिकारी लगभग वही सवाल करता है। मैं तो सोच रहा था कि मेरे सामान की तलाशी होगी और

इस देश के कानून के अनुसार न जाने उसमें कौन-सी आपत्तिजनक चीज बरामद हो जाय। इस आशंका से मैं घबरा जाता हूँ, मेरे होंठ सूखने लगते हैं। लेकिन वह तलाशी नहीं लेता। वह यह जानना चाहता है कि मैं उस देश में दस दिन रुकूँगा तो मेरा खर्च कौन वहन करेगा? वह मुझसे पूछता है कि क्या वहाँ मेरा कोई परिचित है? क्या मुझे लेने के लिए कोई हवाई अड्डे के बाहर आया है? मेरे 'हाँ' कहने पर वह उनका फोन नं. माँगता है और फिर अपने फोन से उसे फोन करता है। दुर्भाग्य से फोन नहीं मिलता लेकिन सौभाग्य से क्षण भर बाद ही मेरे मोबाइल पर भगवान जी का फोन आ जाता है। मैं उन्हें अपना संकट बताता हूँ और अपना मोबाइल कस्टम अधिकारी के हाथ में दे देता हूँ। वह भगवान जी से वह स्थान पूछता है जहाँ वे खड़े हैं और वहाँ जाकर उनको तथा पुष्पिता को अपने दफ्तर में ले आता है। फिर उनसे डच में बात करता है और मुझसे कहता है कि अब मेरी समस्या सुलझ जाएगी क्योंकि हम दोनों के बीच एक डच बोलने वाला मिल गया है। भगवान जी के कहने पर भी जब वह मुझे उनके साथ नहीं जाने देता तो भगवान जी बहुत गुस्से में आ जाते हैं। उन्हें लगता है कि उनके सम्मानित अतिथि का अपमान हो रहा है और इससे उनके देश की छवि धूमिल हो रही है। मैं भगवान जी को समझाता हूँ कि वे शान्त रहें और अधिकारी को नियमानुसार कार्रवाई करने दें। मैंने कोई अपराध किया होता तो मुझे भय होता। मेरा अपराध इतना ही है कि मेरे पास पर्याप्त पैसे (यूरो) नहीं हैं। फिर वह अधिकारी अपने कागज-पत्तर तैयार करा करके आता है तथा उस पर भगवान और पुष्पिता से हस्ताक्षर कराता है। उसमें डच भाषा में लिखा है कि वे लोग मेरी देखभाल करेंगे और ऐसा न करने पर उन्हें पाँच हजार यूरो (लगभग 3 लाख रुपये) जुर्माना भरना पड़ेगा। इतना कराने के बाद वह अधिकारी मेरा पासपोर्ट वापस करता है, हम सबसे हाथ मिलाता है और मुस्कराकर विदा करता है। वह अधिकारी व्यवहार में अच्छा और हँसमुख है, पर अपनी ड्यूटी में सख्त। वास्तव में बाहर से आने वाले लोगों ने वहाँ अपराध करना और ड्रग्स आदि का धन्धा करना शुरू कर दिया है जिसके कारण वहाँ की सरकार सख्ती से सबकी जाँच पड़ताल करती है और आश्वस्त हो लेना चाहती है कि आने वाला विदेशी आवांछित तो नहीं। दूसरी बात यह भी है कि यूरप और अमेरिका के पासपोर्ट्स की जैसी धाक भारत में है वैसी भारत के पासपोर्ट्स की उन देशों में नहीं। हम लोग वहाँ कुल मिला कर एक गरीब और अशिक्षित देश के ही नागरिक समझे जाते हैं और उसी के मुताबिक सलूक भी पाते हैं। देश के बाहर जाने पर व्यक्तिगत प्रतिष्ठा की तुलना में उस देश की छवि का ही महत्त्व होता है और कहना न होगा कि यूरप में एशिया, अफ्रीका और लैटिन अमेरिका की छवि अच्छी नहीं है।

भगवान बताते हैं कि हालैंड में मनुष्य क्या, कोई पशु तक बिना आज्ञा के घुस नहीं सकता। वहाँ के सभी पशुओं—गाय, घोड़े, भेड़ें, सूअर, कुत्ते और यहाँ तक कि बिल्लियों का भी रजिस्ट्रेशन हुआ है। सबके कान छेद कर उसमें उनकी संख्या दर्ज है। यदि कोई पशु मरता है तो उसकी सूचना देनी होती है और इसी प्रकार उनके पैदा होने की भी। बिना आदेश कोई उन्हें मार भी नहीं सकता। इसी प्रकार कोई अपने दरवाजे का भी वृक्ष बिना आदेश लिए काट नहीं सकता। सम्भव है उस वृक्ष के कट जाने से आस-पास का सौन्दर्य नष्ट होता हो। एक भारतीय के लिए यह जानकारी आश्चर्यजनक होगी। वह तो अपनी सन्तानों का भी रजिस्ट्रेशन नहीं कराता और प्रति वर्ष सन्तानवृद्धि करता रहता है। बहरहाल, मुझे इस जानकारी से सन्तोष हुआ कि जब वास्तविक पशु तक इस देश में नहीं घुस सकते तो भला मेरे जैसा नर पशु बिना जाँच पड़ताल कैसे प्रवेश पा सकता था। मुझे दिल्ली में किसी मित्र ने बताया था कि सेंगेनवीसा देने में बहुत दिक्कत करते हैं। लेकिन मुझे वह बड़ी आसानी से मिल गया था। अब नीदरलैंड प्रवेश के समय उस मित्र की बात में सच्चाई लगी।

हवाई अड्डे के बाहर लाकर भगवान और पुष्पिता ने मुझे कपचीना (वहाँ का कॉफी जैसा पेय) पिलाया और फिर हम तीनों कार द्वारा अलकमार के लिए रवाना हुए जो कि उन दोनों का निवास स्थान है। अम्स्टर्डम से इसकी दूरी लगभग पचास किलोमीटर है जिसे तय करने में पैंतालीस मिनट लगते हैं। यहाँ जीवन की गति बहुत तेज है। कारें भी कीमती और आरामदेह हैं। भगवान जी 100-110 किलोमीटर की गति से गाड़ी चला रहे हैं। शाम के सात बजे हैं लेकिन चारों ओर प्रकाश पर्याप्त है। यहाँ साढ़े नौ बजे रात को अँधेरा घिरता है। मैं सड़क के दोनों ओर के प्राकृतिक विस्तार को निहार रहा हूँ। ट्यूलिप के रंग-बिरंगे खेत। फीरोजी, बैंगनी, मैरून, पीले आदि अनेक रंगों में। मेपल के सुन्दर, छरहरे, किशोर वय के भोले वृक्ष। नवम् वयः कान्तमिदं वपुश्च।

और अब भगवान-पुष्पिता के अलकमार स्थित निवास पर हूँ। एक भारतीय दम्पती के घर में। सुरक्षित और तनावमुक्त। शीशे की दीवार के पार वृक्षों की हरियाली और चेरी की फूल लदी शाखें दिख रही हैं। बाहर सड़क पर शान्ति है। सुनाई पड़ता है केवल प्रकृति का पदचाप।

स्वतन्त्रता प्रेमी नगर अम्स्टर्डम

अम्स्टर्डम शहर का विहंगावलोकन तो मैंने वहाँ के हवाई अड्डे पर उतरने के दिन ही कर लिया था, पर उसे देखने की नीयत से 27.4.2009 को वहाँ गया। यह व्यापार, उद्योग और कला संस्कृति का नगर है। मुझे यह जानकर आश्चर्य हुआ कि इस नगर की आबादी कुल साढ़े सात लाख है। अपने भौगोलिक आकार और जनसंख्या में यूरप के किसी महानगर की तुलना में यह एक छोटा नगर है। बारहवीं शताब्दी में यह मछली मारनेवाला एक गाँव था। इतनी कम आबादी वाला यह नगर दुनिया के दस-पन्द्रह महान नगरों में क्यों गिना जाता है, यह किसी को भी चकित करेगा। यह नगर अम्स्टेल (Amstel) नामक नदी के किनारे बसा होने के कारण अम्स्टर्डम कहलाया। प्राचीन काल में इस नदी के रास्ते व्यापार होता था। नदी से पतली-पतली नहरें निकाली गयी थीं जिनसे सामान शहर में पहुँचाया जाता था। नहरों पर छोटे-छोटे पुल बने थे। नहरें और पुल आज भी हैं और वे इस शहर के सौन्दर्य और इसकी प्रसिद्धि के एक प्रमुख कारण भी हैं। कहा जाता है कि 1896 में लन्दन जाते समय स्वामी विवेकानन्द भी अपने दल के साथ तीन दिनों तक अम्स्टर्डम में रुके थे और वे यहाँ की नहरों से बहुत प्रभावित थे। इस नगर को सैकड़ों नहरों और हजारों पुलों का नगर कहा जाता है। इन नहरों और नदी में नावें चलती हैं जिन पर सवार होकर पर्यटक पूरे नगर का दर्शन कर सकते हैं। जाड़ों में जब तापमान माइनस पन्द्रह-बीस हो जाता है और ये नहरें जम जाती हैं तो लोग बर्फ पर स्कीइंग का आनन्द लेते हैं।

17वीं शताब्दी को इस नगर का स्वर्णयुग माना जाता है जब यह यूरप का सबसे समृद्ध और व्यावसायिक तथा सांस्कृतिक केन्द्र था। आज भी अम्स्टर्डम अपने को 'हीरों का शहर' कहता है। यहाँ लगभग चार सौ वर्षों से हीरों की कटाई और तराश का काम होता है। विश्व का सबसे बड़ा हीरा 1908 ई. में यहीं काटा गया था। इस नगर के भवन प्रायः 17वीं शताब्दी के ही प्राचीन भवन हैं जिनको उसी पुराने स्थापत्य के साथ सुरक्षित रखने की कोशिश की जा रही

है। अवश्य ही यह स्थापत्य भव्य और आकर्षक है। प्राचीन को सुरक्षित रखने की यह मानसिकता पूरे यूरप की है। मैंने पेरिस, लन्दन, लक्जमबर्ग में भी ऐसा ही देखा और महसूस किया। किन्तु तुलना करनी हो तो अम्सटर्डम की तुलना सेंट पीट्सबर्ग से ही करूँगा। पीट्सबर्ग ज्यादा खुला हुआ है जबकि अम्स्टर्डम सँकरा और घना। अम्सटर्डम की नहरें लम्बी, छोटी, चौड़ी और पतली सभी तरह की हैं। नार्थ सी कैनाल (North sea canal) 24 किलोमीटर लम्बी है। इसके किनारे अम्स्टर्डम का सबसे बड़ा और मुख्य रेलवे स्टेशन है जिसे सेंट्रल स्टेशन कहा जाता है और जो 1889 का बना हुआ है। एक नहर के किनारे 1887 का बना चर्च है। एक के किनारे 17वीं शताब्दी का बना डीफेंस टावर (Defance Tower)। इस प्रकार 16वीं-17वीं शताब्दी की स्थापत्य कला आज 21वीं शताब्दी में इस नगर की आय का साधन बन रही है। प्राचीन का आकर्षण मनुष्य के मन में बराबर बना रहा है और बना रहता है, जिसके प्रमाण दुनिया भर के ऐतिहासिक भवनों, खंडहरों और प्राचीन स्मारकों में पर्यटकों की संख्या से प्राप्त किए जा सकते हैं।

हम नौका पर सवार होकर जलमार्ग से नगर का सौन्दर्य निहार रहे हैं। नहर किनारे चिलबिल के पतले छरहरे वृक्ष खड़े हैं। एक नहर ऐसी है जिसमें एक ही पंक्ति में एक के बाद एक सात पुल दिखाई पड़ रहे हैं। एक नहर बहुत छोटी है। इन नहरों के किनारे के घर बहुत कीमती हैं जिनमें प्रायः व्यापारिक कार्यालय हैं। कुछ व्यक्तिगत आवास भी हैं। कुछ मकानों के एक मंजिल पानी के सतह के नीचे हैं। यह अम्स्टर्डम नगर और नीदरलैंड की ही विशेषता है कि यहाँ नदी के नीचे भी सड़कें हैं और ऊपर भी।

मैंने घोड़े गाड़ी पर बैठकर भी इस नगर को देखा। घोड़ा गाड़ी पुराने अम्स्टर्डम की गलियों में और नहरों के किनारे खटपट-खटपट चलती रही। इस नगर की गलियाँ बनारस की गलियों की तरह सँकरी हैं, पर उनकी तरह टेढ़ी-मेढ़ी और गन्दी नहीं। इनमें एक गली तो इतनी पतली है जिसमें एक बार में एक ही आदमी गुजर सकता है। अम्स्टर्डम एक क्लैसिकल (Classical) और सादगी के सौन्दर्य से युक्त है। इसकी सड़कों पर ट्राम, रिक्शा, साइकिल, कारें सब साथ-साथ चलती रहती हैं। कलकत्ता की तरह। साइकिलें तो यहाँ इतनी लोकप्रिय हैं कि हर सार्वजनिक स्थान जैसे रेलवे स्टेशन, बस स्टैंड, पार्क, चौराहा आदि साइकिलों से पटा रहता है।

घोड़ा गाड़ी हमें एक नहर के दोनों किनारों की उन सड़कों से भी ले जाती है जिसे 'रेड लाइट एरिया' कहते हैं। इसे काम सुन्दरियों की गली कहें या अप्सराओं की या वेश्याओं की या चाहें तो मजबूरियों की भी, शायद कोई फर्क न पड़े। इस गली में सड़क किनारे शीशे के शोकेश में लगभग नग्न सुन्दरियाँ

और मोटी कुरूप महिलाएँ भी अपने को किसी भी खरीदार के हाथ बेचने के लिए खड़ी हैं। जिसे जो पसन्द हो उससे बात करके तय कर ले। चाहे तो किसी पुरुष के साथ उसकी रतिलीला देखे या स्वयं सम्भोगरत हो जाय। अम्स्टर्डम में इन वेश्याओं को कानूनी अधिकार प्राप्त है और इनका यह धन्धा वैध है। तर्क यह दिया जाता है कि दुनिया के अन्य नगरों में भी वेश्यावृत्ति होती है, मगर वह छुप कर होती है। यहाँ उसे एक खास क्षेत्र में आजाद कर दिया गया है। इसके पीछे यह पुरानी मान्यता भी है कि अपने निजी घरों में लोग जो काम करते हैं, वह उनका व्यक्तिगत मामला है। स्त्री की स्वाधीनता का समर्थन करने वाले कुछ हिन्दी लेखक भी कहते हैं कि स्त्री का अपने शरीर पर अधिकार है। इस खरीद-फरोख्त की दुनिया में जब सब अपने-अपने माल बेच रहे हों तो फिर स्त्री पर ही प्रतिबन्ध क्यों हो? उसके पास उसका शरीर है जिसे बेचने का अधिकार उसे होना चाहिए?

इस सेक्स गली में दुकानों पर भी बोर्ड लगे हैं—'Sexy shop' या 'Sexy Amsterdam' आदि। जगह-जगह नग्नतम तस्वीरें हैं। कुछ तो ऐसी जिन्हें देखकर शृंगार का नहीं, घृणा का भाव पैदा होता है। दुनिया में हर चीज की एक सीमा होती है जिसके बाहर स्वाधीनता भी उच्छृंखलता बन कर जुगुप्सा पैदा करती है। सीमा अभिशाप नहीं, एक वरदान है। 'लज्जा' नामक भाव ऐसे ही दृश्यों में अपना अर्थ और मूल्य प्राप्त करता है।

अम्स्टर्डम में ही नहीं पेरिस, लन्दन और सम्भवत: यूरप के अन्य बड़े नगरों में भी वेश्याओं के स्वतन्त्र मुहल्ले हैं जहाँ वेश्यावृत्ति को कानूनी मान्यता प्राप्त है। कुछ लोग तर्क देते हैं कि समाज को स्वस्थ रखने के लिए जरूरी है कि उसकी विकृति को निकलने का रास्ता दिया जाय। वेश्यावृत्ति इस अर्थ में अंडरवर्ल्ड की मानसिक विकृति के लिए सेफ्टी वाल्व का काम करती है। स्वस्थ मस्तिष्क और पारम्परिक नैतिकता से बँधा हुआ व्यक्ति उस ओर नहीं जाता। यौन कुंठाओं से ग्रस्त व्यक्ति ही उधर जाते हैं और यह एक प्रकार से उनके तथा समाज के स्वास्थ्य के लिए अच्छा ही है। लेकिन यह तर्क और निर्णय इतना सरल नहीं कि इसे स्वीकार कर लिया जाय। इसका निर्णय कैसे होगा कि हर स्त्री अपनी इच्छा से ही अपना शरीर बेच रही है। यह उसकी विवशता भी हो सकती है और क्या किसी की विवशता को पैसे की ताकत से खरीदना अनैतिक नहीं है? वस्तुत: 'स्वतन्त्रता' और 'समानता' दोनों मानवीय शब्दकोश के सबसे आकर्षक और सबसे खतरनाक शब्द हैं। यूरप में हर जगह जिस प्रकार 'स्वतन्त्रता' (लिबर्टी) की प्रतिमाएँ दीखती हैं, लगता है जैसे वह स्वतन्त्रता का दीवाना है। भारत इस स्वतन्त्रता को स्वीकार नहीं करता। वह 'धर्म' और 'नैतिकता' की बात करता है।

भारत में जीवन के चार पुरुषार्थों में 'अर्थ' और 'काम' को 'धर्म' के अधीन माना गया है। अर्थ और काम की प्राप्ति तथा भोग अनियन्त्रित नहीं हो सकता। इसे धर्म के अनुसार होना चाहिए। धर्म ही विशेष है। धर्म से हीन मनुष्य भी पशु के ही समान है। धर्म से बाहर कुछ नहीं है, न कोई नैतिकता, न स्वतन्त्रता, न समानता। इसी को 'हिन्द स्वराज' में गाँधी ने दूसरे शब्दों में 'सभ्यता' कहा था। उनके अनुसार, "सभ्यता वह है जिसके द्वारा हम समाज के प्रति अपना फर्ज अदा करते हैं। फर्ज अदा करना अर्थात् नीति का पालन करना। नीति का पालन अर्थात् अपनी इन्द्रियों को वश में रखना। यही सभ्यता है। बाकी सब असभ्यता है।"

अम्स्टर्डम एक स्वाधीनता प्रेमी नगर है। यहाँ के लोग अपने एकान्त में स्वाधीन रहना चाहते हैं और दूसरों को भी उनकी इच्छाओं में अकेला छोड़ देना पसन्द करते हैं। ये लोग सहनशील, विनम्र और सुसंस्कृत हैं। ये पर्यटकों का स्वागत करते हैं और उनके साथ अँग्रेजी में बातचीत करने से परहेज नहीं करते। जबकि यूरप के अन्य नगरों में लोग प्राय: अपनी ही भाषा में बोलना चाहते हैं और अँग्रेजी का प्रयोग नहीं करते। अम्स्टर्डम यूरप का वह शहर है जहाँ प्रकाशन पर किसी प्रकार का (Censorship) प्रतिबन्ध नहीं है। इसीलिए यह उन यूरोपीय बुद्धिजीवियों के लिए एक स्वर्ग की तरह है जिन्हें अपने देशों में राजनीतिक-धार्मिक विश्वासों या किन्हीं अन्य प्रतिबन्धों के कारण आत्माभिव्यक्ति में कठिनाइयाँ होती हैं। शताब्दियों से यह नगर ऐसे राजनीतिक-धार्मिक शरणार्थियों का घर रहा है। यहाँ ड्रग्स की दुकानें भी वैध हैं और मनोरंजन के नाम पर नशे का कारोबार भी खुलेआम चलता है। ड्रग्स और वेश्याप्रेमी विदेशी निश्चय ही यहाँ ज्यादा आते हैं और यह नगर हिप्पियों का भी स्वर्ग रहा है। यूरोपीय यूनियन के अन्य देशों की ड्रग नीति सख्त और स्पष्ट है, पर नीदरलैंड की डच नीति इस बारे में विरोधों के बावजूद अभी नहीं बदली है।

1960 के बाद अम्स्टर्डम की अनियन्त्रित स्वतन्त्रता पर कुछ अंकुश लगाने के भी प्रयत्न हुए। इनमें 1970 की वह प्रसिद्ध घटना भी घटित हुई जब दो दिनों तक पुलिस और हिप्पियों के बीच संघर्ष हुआ जिन्होंने पर्यटकों को नगर से खदेड़ना शुरू कर दिया था। 1960 के बाद यहाँ एक अराजक वाम आन्दोलन भी शुरू हुआ जिसे प्रेस ने 'प्रवोस' (Provos) नाम दिया। यद्यपि इस संगठन में कुछ दर्जन लोग ही थे, पर उन्हें जनता की सहानुभूति प्राप्त थी। इस संगठन ने विवाह से लेकर कला तक हर क्षेत्र में सरकारी नीतियों और रीतिरिवाजों का विरोध यह कहकर शुरू किया कि वे यथास्थितिवादी व्यवस्था का विरोध कर रहे हैं। प्रवोस के कुछ सदस्य नगर निगम (Municipal council) में भी चुन लिए गये जिन्होंने बैठकों तक में नशे का सेवन शुरू कर दिया और अनाप-शनाप प्रस्ताव पेश करने

लगे। उन प्रस्तावों में एक यह भी था कि नगर बसों की छतों पर उद्यान लगाए जाएँ। प्रवोस का एक प्रस्ताव यह भी था कि नगर में हजारों सफेद साइकिलें नि:शुल्क रखी जाएँ जिनका इस्तेमाल कोई भी कर सकेगा। जिसे भी जरूरत हो इन्हें कहीं से उठा ले और कहीं भी रख दे। लेकिन यह प्रयोग अव्यावहारिक होने के कारण कुछ ही दिनों बाद समाप्त हो गया, क्योंकि कुछ लोग इन साइकिलों को दूसरे रंगों में रंगकर बेचने लगे। 1970 में ही अम्स्टर्डम में हल्के ड्रग व्यक्तिगत इस्तेमाल के लिए वैध कर दिए गये, पर्यटकों के लिए रेड लाइट एरिया का विस्तार कर दिया गया तथा पुलिस और सैनिकों को भी लम्बे बाल और दाढ़ी रखने की छूट दे दी गयी। वर्ष 2002 में नीदरलैंड सुखमृत्यु या इच्छामृत्यु (Euthanasia) को कानूनी मान्यता देने वाला दुनिया का पहला देश बन गया। असाध्य रोग से पीड़ित व्यक्ति कुछ निर्दिष्ट नियमों के अनुसार इस प्रकार की मृत्यु का वरण कर सकता है। बच्चों के अश्लील साहित्य को भी नीदरलैंड में कानूनन वैध कर दिया गया था, पर अमेरिका और ब्रिटेन के विरोध के बाद इसे वापस ले लिया गया। फिर भी बच्चों की सम्भोग क्रिया के प्रकाशन पर ही रोक लगी है, उनके नग्न चित्र प्रदर्शन पर नहीं। और इसके उल्लंघन का दंड भी मात्र तीन महीने की जेल है। अम्स्टर्डम में स्त्री समलैंगिकों के लिए भी दो-तीन अलग कैफे हैं। इस नगर की रातें बहुत रंगीन और धड़कती रहती हैं। इन सबको देखते हुए कहा जा सकता है कि नीदरलैंड में अपनी स्वतन्त्रता के प्रति अनुराग जरूरत से कुछ ज्यादा ही प्रगाढ़ है। इसे डच लोग भी स्वीकार करते हैं।

अम्स्टर्डम में संगीत, नृत्य, नाटक आदि के आयोजन पार्कों, चौराहों और सड़कों पर भी होते रहते हैं। चित्रकला प्रदर्शनियाँ भी होती रहती हैं। इस रूप में यह कलाप्रेमी नगर है। यहाँ के कलाकार 17वीं शताब्दी से ही कला में तरह-तरह के प्रयोग करते रहे हैं और उनकी कलाकृतियाँ मध्य वित्त वर्ग के लोग भी खरीदते रहे हैं। रिक्स संग्रहालय अम्स्टर्डम का सबसे प्रसिद्ध संग्रहालय है। इस सन्दर्भ में दो महान् डच कलाकारों—रेम्ब्राँ (Rembrandt) और वानगाग (Van gogh) का स्मरण ज़रूरी लगता है। रेम्ब्राँ (1609.1969) नीदरलैंड के स्वर्णयुग के सबसे बड़े चित्रकार थे। उन्होंने बहुत प्रसिद्ध और महत्त्वपूर्ण व्यक्तिचित्र तथा आत्मचित्र बनाए हैं। आखिरी दिनों में उन्हें आर्थिक अभाव और तनात्र में जीना पड़ा जिसका स्पष्ट प्रभाव उनके बाद के चित्रों पर देखा जा सकता है। वानगाग (मृत्यु 1890 ई.) आधुनिक कला जगत का एक अत्यन्त प्रतिष्ठित नाम है। यह विडम्बना ही है कि वे अपने जीवनकाल में एक गुमनाम और असफल व्यक्ति रहे जबकि आज उनकी कृतियाँ करोड़ों पौंड और डालर में नीलाम हो रही हैं। उन्हें स्त्रियों से प्रेम नहीं मिला न उनकी कृतियों को कोई महत्त्व मिला। अपने

अन्तिम समय में वे विक्षिप्तता के दौर से भी गुजरे और उसी मन:स्थिति में उन्होंने अपना एक कान काटकर अपने मित्र को दे दिया। अन्त में उन्होंने स्वयं को गोली मारकर आत्महत्या भी कर ली। उनके बनाए स्त्रियों, फूलों और गरीब मजदूरों के चित्र जितने भावपूर्ण हैं उतना ही उनकी बेचैन जिन्दगी को व्यक्त करने वाले। उन्होंने अपने कई आत्मचित्र भी बनाए हैं जिनमें उनकी मुखाकृति डरावनी और उदास दिखाई पड़ती है। अम्स्टर्डम में वान गाग का संग्रहालय विश्व भर के कलाप्रेमियों के आकर्षण का केन्द्र है।

अम्स्टर्डम का सबसे प्रमुख स्थल है फ्रीडम मानूमेंट अर्थात् स्वाधीनता का स्मारक चौक। यह द्वितीय विश्वयुद्ध के शहीद सैनिकों की स्मृति में निर्मित है। इसके सामने स्थित है क्वीन्स पैलेस म्यूजियम। यह लन्दन के ट्रफलगर स्कवेयर की तरह है। वैसे ही कबूतर यहाँ भी गुटुरगूँ करते रहते हैं और वैसे ही दुनिया भर में पर्यटक यहाँ भी जमे रहते हैं। इस एक स्थान से ही अम्स्टर्डम के कास्मापालिटन चरित्र का जायका मिल जाता है। दुनिया भर के सुन्दर-असुन्दर चेहरे यहाँ अपने विविध परिधानों में मुक्ति का सुख लूटते दिखते हैं। अँधेरा तो यहाँ साढ़े नौ-दस बजे रात को घिरता है। दुकानें भी 6 बजे सायंकाल बन्द हो गयी होती हैं। किसी को जल्दी नहीं होती और वैसे भी जिसके लिए दुनिया एक पर्यटन है, उसे जल्दी क्या है?

4 अप्रैल को नीदरलैंड का शहीद दिवस था। इस दिन डच लोग द्वितीय विश्वयुद्ध में मारे गये शहीदों को याद करते हैं। यह इसी स्वाधीनता स्मारक चौक पर मनाया गया। मैंने इस दृश्य को टेलीविजन पर देखा। इस अवसर पर नीदरलैंड की महारानी अपने पुत्र के साथ उपस्थित थीं। दोनों ने शहीद स्मारक पर सबसे पहले माल्यार्पण किया। फिर शहर के मेयर ने, मन्त्रि परिषद् के सदस्यों ने, अवकाश प्राप्त जनरलों ने, वृद्ध वरिष्ठ नागरिकों, अधिकारियों, सेना के वर्तमान जनरलों और अन्त में उपस्थित नागारिकों ने माल्यार्पण किए। ठीक आठ बजे सायंकाल सबने दो मिनट मौन रहकर शहीदों को श्रद्धांजलि दी।

5 अप्रैल को नीदरलैंड का स्वाधीनता दिवस था। यह 1945 में देश के पूरी तरह आजाद हो जाने की स्मृति में मनाया जाता है। इसका दृश्य भी मैंने टी.वी. पर ही देखा। इसमें महारानी नहीं थीं। वहाँ के राष्ट्रपति थे। अच्छा लग रहा था कि समारोह के बाद वे सामान्य नागरिक की तरह सबके बीच घुल-मिलकर सबका अभिवादन ले रहे थे। न कोई पुलिस थी उनके साथ, न जेड श्रेणी सुरक्षा का तामझाम। यह स्वाधीनता दिवस समारोह एक नहर पर प्लेटफार्म बनाकर सम्पन्न हो रहा था।

अम्स्टर्डम में एक सायंकाल हमने द मौर्या रेस्तराँ में भोजन किया। वहाँ एक ही जगह आसपास कई भारतीय रेस्तराँ हैं जैसे द गुरु, द अकबर, द बाम्बे आदि। मौर्या में हमने भारतीय भोजन किया—रोटी और भिंडी की सब्जी, समोसा और गुलाब जामुन। इस रेस्तराँ का एक कर्मचारी दिनेश शर्मा दिल्ली का रहने वाला था। उसने अपने पिता की लिखी शायरी सुनायी। हम लोगों के सुनने के लिए उसने जगजीत सिंह की ग़ज़लों का रिकार्ड लगा दिया।

मैंने अपने नीदरलैंड प्रवास में किसी अँग्रेजी पत्रिका में एक लेख पढ़ा जिसमें लिखा गया था कि आजकल नीदरलैंडवासियों में एक भय समा गया है और वह है मुस्लिम कट्टरवाद का। इसका कारण वहाँ हाल में हुई दो हत्याएँ हैं जो मुस्लिम आतंकवादियों द्वारा की गयी हैं। एक मई 2002 में लोकप्रिय राजनीतिज्ञ Pim Frotuyn की तथा दूसरी उसके बाद फिल्म निर्माता Theo van gogh की। इन दोनों ने मुस्लिम कट्टरतावाद के विरुद्ध आवाज उठाई थी। फिल्म निर्माता थियोवान गाग की हत्या पर वहाँ जनता ने जो प्रदर्शन किया था, उसका एक चित्र भी मैंने देखा जिसमें हाथ में तख्तियाँ लिये हुए लोग थे जिन पर लिखा था—Multi cultural socitey V/s fundamentalism। नीदरलैंड जैसे उदार समाज में कट्टरतावाद का आतंक अवश्य ही विशेष चिन्ताजनक है। भारतीय समाज तो इसे झेल ही रहा है।

ख़ाक में क्या सूरतें होंगी

जब मैंने गोरखपुर से फोन द्वारा इंग्लैंड और नीदरलैंड के अपने कार्यक्रम के बारे में सूचना दी तो पुष्पिता ने प्रफुल्लित भाव से कहा—पंडित जी, जरूर आइए। इस समय हालैंड फूलों से लदा है। चारों ओर फूल ही फूल देखकर आपकी तबियत खिल उठेगी। मैं सोचता था कि धरती की खुरदुरी काया पर फूल लहलहा रहे होंगे। जब अम्स्टर्डम हवाई अड्डे से अल्कमार की ओर रवाना हुआ तो कार के शीशे से दोनों ओर फूलों का अनन्त विस्तार देखकर आनन्द से तनिक कम आश्चर्य नहीं हुआ। आश्चर्य इस बात का कि वहाँ खाने योग्य किसी फसल के दर्शन नहीं हो रहे थे। तो क्या यहाँ के लोग फूल ही खाकर जीवित रहते हैं? सड़क के दोनों ओर पसरे हुए विविध रंगी खेत, जैसे पृथ्वी कन्याओं ने स्नानोपरान्त अपनी-अपनी अछोर साड़ियाँ फैला रखी हों। या जैसे कोई झील हो बहुरंगी वस्त्रों में। गुलाबी, कत्थई, पीली, मैरून, श्वेत, हल्की गुलाबी, हल्की पीली, बैंगनी, सुरमई, चटख लाल नीली आदि। कितने रंग गिनाऊँ, कुछ ऐसे भी जिनके लिए मेरी मनोभाषा में कोई शब्द नहीं सूझते। मिर्जा ग़ालिब के इस दार्शनिक शेर का कुछ-कुछ अर्थ मुझे यहाँ समझ आया :—

सब कहाँ कुछ लाला ओ गुल में नुमाया हो गयीं
ख़ाक में क्या सूरतें होंगी कि पिनहा हो गयीं।

28 अप्रैल, 2009 को हम कोकेनहाफ (Keukenhof) गये जो अल्कमार से 60 किलोमीटर की दूरी पर फूलों की एक विश्वप्रसिद्ध मनोरम पुष्पवाटिका है। 'कोकेनहाफ' का शाब्दिक अर्थ है—किचेन गार्डेन अर्थात् 'आँगनबगिया', लेकिन यह आँगनबगिया मीलों विस्तार में है। मार्च से मई के बीच इसकी सुषमा अपनी जवानी पर होती है और इस अपरूप के लोभी लगभग 60 वर्षों से दुनिया भर से इसके बाहुपाश में खिंचे चले आ रहे हैं। अमेरिका इन डच फूलों का एक लम्बे समय तक सबसे बड़ा खरीदार रहा है और अमेरिकी पर्यटक इसे नीदरलैंड

का सबसे प्रमुख आकर्षण स्थल मानते रहे हैं। उनके विचार से ''यदि आपने कोकेनहाफ नहीं देखा तो आपने हालैंड को ही नहीं देखा।'' इस पुष्पवाटिका के बाहर पर्यटकों की कई सौ गाड़ियाँ खड़ी हैं जिनके नम्बर प्लेट देखकर भगवान जी बताते हैं कि ये जर्मनी की गाड़ी है, ये फ्रांस की, ये लक्जमवर्ग की, ये बेल्जियम की आदि-आदि। और वाटिका के अन्दर विविध देशों के विविध मानव रूप दिख रहे हैं। मगर विधाता ने मानवेतर जगत् को मानव जगत् से कुछ ज्यादा ही सुन्दर बनाया है। हिन्दी कवि सुमित्रानन्दन पन्त ने सही कहा था—''छोड़ द्रुमों की मृदु छाया/तोड़ प्रकृति से भी माया/बाले तेरे बाल जाल में कैसे उलझा दूँ लोचन।'' हम अपनी पूर्वग्रहयुक्त रुचियों के कारण मानवीय आकृतियों में कुछ को सुन्दर और कुछ को कुरूप अनुभव करते हैं, पर मानवेतर सृष्टि प्राय: इस विभेद से मुक्त है। मैं इस वाटिका में घूम रहा हूँ और देख रहा हूँ रंगों का अपार और अकूत वैभव। कवि जयशंकर प्रसाद याद आते हैं—''आँख की भूख मिटी यह देख/ आह कितना सुन्दर सम्भार/ ''। लेकिन सौन्दर्य से आँख की भूख कहाँ मिट सकती है? यदि मिट सकती तो कवि विद्यापति यह न लिखते—''जनम अवधि हम रूप निहारेल, तदपि न तिरपित भेल''। जन्म भर मैं भी तो रूप ही निहारता रहा और क्या इसी लोभ से ग्रस्त यहाँ कोकेनहाफ नहीं चला आया? ...तो मित्रों, मैं फूलों की इस वाटिका में हूँ। रंगों से आँखों में नशा छा गया है। इतने रंग और फूलों के इतने रूप मैंने एक जगह कभी नहीं देखे। भारत में बद्रीनाथ के रास्ते में फूलों की प्रसिद्ध घाटी है जिसे देखने के लिए दुनिया भर से पर्यटक प्रति वर्ष जाते हैं। मैंने भी बद्रीनाथ की यात्रा की है, मगर मेरा दुर्भाग्य कि फूलों की घाटी न जा सका। फूलों की घाटी को प्रकृति ने बनाया है, मगर कोकेनहाफ मनुष्य का बनाया उद्यान है। सुना है कश्मीर के श्रीनगर में डल झील के समीप भी एक ट्यूलिप गार्डेन बनाया गया है। मगर वह मेरी कश्मीर यात्रा के बाद बना है और अब कश्मीर के हालात ऐसे हैं कि वहाँ दुबारा जाना कठिन है। दिल्ली के मुगल गार्डेन की प्रशंसा भी बहुत सुनी है जो गुलाबों के लिए मशहूर है। हालैंड में ट्यूलिप का वही महत्त्व है जो भारत में कमल और गुलाब का। कोकेनहाफ के उद्यान में मैं देख रहा हूँ पान के आकार के लाल-लाल फूल, तितलियों के रंग-बिरंगें पंखों जैसे फूल, बिना मिट्टी की जड़ों के हवा में साँस लेते फूल, बड़े-बड़े डैने फैलाए और छोटी-छोटी सीपियों जैसे फूल। फूलों की इतनी प्रजातियाँ और उनके इतने अनाम रंग-रूप। सृष्टि में हर पदार्थ के लिए कोई पद होता है। मैं कहाँ से लाऊँ इतने पद? इस वाटिका में सबसे भव्य ऐश्वर्य है ट्यूलिप फूलों का। नीदरलैंड को ट्यूलिप की भूमि कहा जाता है। यह डच समाज का प्रतीक चिह्न है। उसका व्यवसाय भी है, उद्योग भी। हजारों डच

नागरिकों की जीविका इन फूलों पर निर्भर है। उन्होंने इसे विश्वव्यापी बाजार का रूप दे दिया है। नीदरलैंड दुनिया में फूलों का सबसे बड़ा निर्यातक देश है। कितनी सुहावनी है यह कल्पना (जो कि यहाँ सच है) कि कोई देश फूलों की खेती करता है, फूलों का व्यापार करता है और फूलों से अपना जीवनयापन करता है। कथाकार फणीश्वरनाथ रेणु के 'मैला आँचल' का एक पात्र (डॉक्टर) भी गाँव में फूलों की खेती करना चाहता है, जिससे प्यार के पौधे लहलहाएँगे। मुझे रूसी कवि वोज्नेसेंस्की की एक कविता याद आती है—'Flowers and Bullets' जिसका मैंने कभी हिन्दी अनुवाद किया था—'फूल और गोलियाँ'। मुझे शान्तिनिकेतन की उस महिला की भी याद आती है जिसके बारे में किसी ने बताया था कि वह हमेशा झोले में फूलों के बीज लेकर चलती थी और उन्हें ट्रेनों-बसों की खिड़कियों से बाहर छींटती रहती थी, इस आशा से कि उनमें से कुछ तो कभी उगेंगे और धरती पर सौन्दर्य की सुगन्ध फैलेगी।

बादल घिरे हैं और बूँदें गिर रही हैं टप-टप। हम छतरी लगाए चल रहे हैं धीरे-धीरे सरकती हवा के बीच। सरदी से बचाने के लिए मुझे भगवान जी ने एक लम्बा कीमती कोट पहना दिया है। ट्यूलिप के फूलों के लिए यूरप में मार्च और अप्रैल की हल्की ठंड ही आदर्श होती है। इन देशों में 13 मई 'ट्यूलिप दिवस' के रूप में मनाया जाता हैं। कोकेनहाफ की पुष्पवाटिका को बहुत कलात्मक ढंग से बनाया गया है। अनेक कोणों-दिशाओं और ऊँची-नीची समतल-ढालुआँ सतह के रूप में। फौवारों, नहरों, तन्वंगी सड़कों-फुटपाथों के साथ। नहरों में रंगीन बत्तखें और श्वेत हंस जलक्रीड़ा कर रहे हैं। खास-खास स्थानों पर कुछ रेस्तराँ और उनमें पर्याप्त संख्या में बैठने के लिए कुर्सियों-मेजों का भी प्रबन्ध है।

इस वाटिका में मुझे एक आश्चर्य यह दिखा कि दर्शकों में अधिक संख्या वृद्धों और वृद्धाओं की है जिनमें कुछ तो अपने ह्वील चेयर पर डुगुरते हुए इस उद्यान का आनन्द ले रहे हैं। अस्सी और नब्बे वर्ष की आयु में जबकि भारतीय लोग परलोक के निराशावादी अन्धकार में डूबते-उतराते नजर आते हैं, यूरप के इन वृद्धों में इहलौकिक सौन्दर्य की ऐसी पिपासा अचरज में भी डालती है और प्रेरणा भी देती है। इस समय जबकि बच्चे अपने स्कूलों में व्यस्त होंगे और युवा अपने व्यावसायिक कामों में तो ये बूढ़े क्यों न प्रकृति के सौन्दर्य-सागर में नौका-विहार करें।

यूरप का अकेलापन और मनुष्य की नियति

29 अप्रैल, 2009 को मैं भगवान जी की माँ से मिलने उस भवन में गया जिसे डच भाषा में 'द फ्लउगल्स' अर्थात् 'सेवालय' कहा जाता है। सम्भवत: पहले इसका नाम 'वृद्धालय' था। 'सेवालय' नाम अवश्य ही 'वृद्धालय' से बेहतर है। यह पाँच मंजिला भवन है। साफ-सुथरा और सुसज्जित। हर वृद्ध-वृद्धा के रहने के लिए अलग कमरा। कमरे में पलँग, सोफा, रेडियो, टी.वी., अलमारी, अटैच बाथरूम और खाने-पीने की सभी जरूरी चीजें। जैसे भारत के किसी अच्छे होटल या गेस्ट हाउस का कमरा हो। यह वृद्धों के लिए सरकारी व्यवस्था है जिन्हें समय पर चाय, नाश्ता, भोजन, दवा आदि दी जाती है तथा जिनकी देख-रेख के लिए कर्मचारी और डॉक्टर आदि उपलब्ध रहते हैं। अकेले वृद्ध या वृद्धा के लिए अलग भवन है, वृद्ध दम्पत्तियों के लिए अलग तथा बीमार वृद्ध-वृद्धाओं के लिए अलग। सरकार नागरिकों से इस निमित्त जो टैक्स लेती है उसी से यह व्यवस्था करती है। 65 वर्ष से ऊपर की आयु के लोग यहाँ रह सकते हैं। उन्हें जो पेंशन दी जाती है उसी से उनके परिवार के लोग उनके लिए वस्त्र आदि सभी जरूरी चीजें खरीद कर उनके कमरे में रख देते हैं। इन कमरों को और इनकी व्यवस्था को देख कर कहा जा सकता है कि भारत के किसी मध्यवर्गीय सम्पन्न व्यक्ति के पास भी इतनी अच्छी व्यवस्था नहीं होती। नीदरलैंड में सोशल सिक्योरिटी सिस्टम के अन्तर्गत बुढ़ापे में पेंशन के साथ सेवा-सुश्रूषा की सारी जिम्मेदारी सरकार की होती है, चाहे वह व्यक्ति किसी नौकरी में रहा हो या नहीं। सरकार उस पर साढ़े तीन हजार यूरो प्रतिमास खर्च करती है।

मैं जब भगवान की माँ के कमरे में पहुँचा, वह सोफा पर अकेले बैठी थीं। मैंने उनके पाँव छू कर प्रणाम किए। वे सरनामी हिन्दी बोल रही थीं। उन्हें बताया गया कि मैं भारत के गोरखपुर से आया हूँ। वे गोरखपुर का नाम जानती थीं क्योंकि उनकी माँ जब तीन वर्ष की थीं तभी अपनी दो बहनों और माता-पिता के साथ सूरीनाम आयी थीं और गोरखपुर डिपो से ही उनकी भर्ती हुई थी। उनके नाना

अयोध्या के पास के रहने वाले थे। वे सूरीनाम क्यों आये, उन्होंने साढ़े तीन महीनों की हृदय विदारक तकलीफदेह समुद्री यात्रा कैसे की, उन्होंने सूरीनाम के अनजान अपरिचित परिवेश में अपने लिए जगह कैसे बनाई, यह कहने सुनने की नहीं, महसूस करने की चीज है। एक व्यक्ति और परिवार की अकथ कथा। उसके बारे में नहीं, मैं तो इस समय भगवान की वृद्धा माँ, जो 84 वर्ष की हैं, के बारे में कुछ लिख रहा हूँ। मैंने उनसे पूछा, क्या वे भारत चलना चाहती हैं? उन्होंने कहा, 'नहीं'। मेरे 'क्यों' के उत्तर में उन्होंने कहा, "वह बहुत गन्दा देश है। सूरीनाम से तीन लोग भारत गये जो लौट कर बीमार पड़े और मर गये।" मैं भारत के प्रति उनके अ-लगाव का कारण समझ सकता हूँ क्योंकि उनका जन्म भारत में नहीं सूरीनाम में हुआ है। इसीलिए सूरीनाम के प्रति उनके मन में लगाव है और वे वहाँ जाना चाहती हैं। मातृभूमि मनुष्य को बुलाती है। वह चाहे जितनी गन्दी हो, ऊसर और उजाड़ हो, लेकिन उसमें गजब का आकर्षण होता है। कल्पना के स्वर्ग से भी ज्यादा। स्वर्गादपि गरीयसी।

मैं भगवान की माँ के पास एक घंटा रहा। फिर हम लोग उन्हें प्रणाम कर वापस लौट आये। मेरा मन उस वृद्धा को अकेले छोड़ कर चलते हुए बहुत उदास हो गया। हम अपनी भागती हुई जगमग दुनिया में लौट रहे थे उन्हें अपने एकान्त के अँधेरे में छोड़ कर। यह यूरप के किसी भी वृद्ध, किसी भी माँ, किसी भी पिता की नियति है। 65-70 वर्ष के आस-पास का हर व्यक्ति वहाँ अकेला हो जाता है। उसे सेवालय में हर प्रकार की भौतिक और दैहिक सुविधा उपलब्ध है, मगर क्या उस आयु में उसके मन के भीतर बहता हुआ लगाव का सोता अचानक सूख जाता है या कि उसे सूखने के लिए विवश कर दिया जाता है? कितनी मर्मान्तक पीड़ा होती होगी एक व्यक्ति को अपनी ही बनाई हुई दुनिया से सदा के लिए बाहर निकलते हुए। माना कि पुत्र का माँ के प्रति लगाव मनोवैज्ञानिक दृष्टि से उतना स्वाभाविक नहीं है, पर माँ का पुत्र के प्रति राग तो नितान्त स्वाभाविक है, क्योंकि पुत्र माँ का सृजन है और अपने सृजन के प्रति लगाव अटूट होता है। लेकिन हम लोगों के विदा के समय माँ ने कोई प्रतिक्रिया नहीं व्यक्त की। क्या उन्होंने यूरप की इस नियति को स्वीकार कर लिया है? क्या भारत में भी, जहाँ संयुक्त परिवार आज भी जीवित है, परिवार का वृद्ध अकेला नहीं हो जाता? उसे तो सेवालय जैसी सुविधाएँ भी उपलब्ध नहीं हैं। बहुत से पुत्र अपने वृद्ध माता-पिता को उनके भाग्य पर छोड़ कर अलग हो जाते हैं। मैंने अपने ही शहर में 65-70 वर्ष से ऊपर के अनेक वृद्धों को रिक्शा खींचते या अन्य प्रकार के कठिन श्रम करते देखा है। बनारस में बहुत-सी वृद्धाएँ भीख माँगते दिखाई पड़ेंगी। गाँवों में भी अनेक वृद्ध कठिन परिस्थितियों में जीवन निर्वाह करते मिलेंगे।

फिर क्या कहा जाय? संयुक्त परिवार व्यवस्था बेहतर है या कि सेवालय की व्यवस्था? मेरा मन तो यही कहता है कि एक पिता-माता ने अपने पुत्र-पुत्री की उस अबोधावस्था में सेवा की जब वह अशक्त था, जब उसे छोड़ देने पर उसका जीवित बच पाना कठिन था, जब वह गूह और मूत में लिपटा एक निपट असहाय जीव था, तो क्या उस पुत्र-पुत्री का यह फर्ज नहीं बनता कि वह अपने वृद्ध माता-पिता के साथ उनकी अशक्तावस्था में वैसा ही व्यवहार करें? क्या माता-पिता ने अपनी युवावस्था की व्यस्तताओं और आनन्देच्छाओं की कुर्बानी देकर अपने बालकों को नहीं सँभाला? फिर वे ऐसा क्यों नहीं कर सकते? अतः मेरे लिए यह यूरप या भारत का नहीं, बल्कि मुनष्यता का मामला है।

भगवान बुद्ध ने चार दुखों का नाम लिया था—रोग, शोक, जरा और मरण। इनमें अन्तिम दो अपरिहार्य हैं, जिन्हें रोकने या जिनसे बचने का कोई उपाय नहीं है। क्या 'जरा' मनुष्य मात्र की नियति नहीं है? क्या परात्पर श्रीकृष्ण तक को 'जरा' नामक बहेलिए ने ही नहीं मारा था? बुद्ध ने ही एक महावाक्य कहा था, "दुःख प्रिय जातिक है।" अर्थात् दुःख अपने प्रियों से उत्पन्न है। जहाँ लगाव है, वहीं दुःख है। जिससे सबसे ज्यादा लगाव है वही सबसे ज्यादा दुख का कारण बनता है। अतः यूरप ने इस लगाव को ही खत्म करने का संकल्प लिया है। वह दुःख नहीं चाहता। वह इन्द्रिय सुख भोगने वाला समाज है। यहीं वह अपनी सारी भौतिक समृद्धि के बावजूद दरिद्र नजर आता है। यूरप में 'पड़ोस' और 'पड़ोसी' जैसा कोई भाव नहीं है। सब अपने-अपने अजनबी हैं। यह उस सभ्यता की स्वाभाविक परिणति है।

मैं सोच रहा हूँ, क्या भौतिक समृद्धि के साथ भाव की विपन्नता का भी कोई सम्बन्ध है? क्या जैसे-जैसे व्यक्ति भौतिक उन्नति करता है, उसके सम्बन्धों के पात झरने लगते हैं? क्या महत्त्वाकांक्षाएँ व्यक्ति को निष्ठुर बना देती हैं? क्या आत्मनिर्भर और सक्षम हो जाने के बाद व्यक्ति आत्मकेन्द्रित हो जाता है? क्या मंजिल पर पहुँच कर वह रास्ते के पड़ावों और उन संसाधनों को विस्मृत कर देता है जिन्होंने उसे सँभाल कर वहाँ तक पहुँचाया है? या कि अकेलापन ही मनुष्य मात्र की नियति है? क्या व्यक्ति अकेला ही नहीं पैदा होता और मरता है? क्या वह जो भी भोगता है, अकेले ही नहीं भोगता? दस्यु रत्नाकर, जो बाद में महाकवि वाल्मीकि बना, से साधुओं ने यही तो पूछा था—'क्या तुम्हारे पाप कर्म के फल में तुम्हारा परिवार साझा करेगा?'

मगर इस प्रसंग में मैं यह जरूर कहना चाहूँगा कि वृद्धावस्था के दंश को 'भाव' और 'लगाव' की औषधि से ही कम किया जा सकता है। अन्ततः यह दुनिया एक भाव की दुनिया है। आचार्य रामचन्द्र शुक्ल ने अपने एक निबन्ध में

सही कहा है कि मनुष्य इस दुनिया में एक जोड़ी भाव ही लेकर आता है। यदि मनुष्य के भीतर से 'भाव' को निकाल दें तो फिर चारों ओर अभाव-ही-अभाव है। संयुक्त परिवार व्यवस्था में एक वृद्ध अपने परिवार के बीच रहता है—सबको अपनी आँखों से देखता हुआ, उसी परिवेश में, उन्हीं दीवारों-जँगलों-किवाड़ों के साथ जिसे उसने बनाया है। उन्हीं शक्लों और आवाजों के बीच जिनसे वह परिचित है, उन सबके सुख-दुख में शरीक होकर जो उसके रक्त के विस्तार हैं। यह अपनों के साहचर्य का आनन्द उसके लिए कम नहीं है। मान लेते हैं कि सेवालय में उसकी बेहतर देखभाल हो सकती है, पर उस सुख से अधिक यातनामय है परित्यक्त हो जाने की पीड़ा। अकेलेपन की पीड़ा से साहचर्य का सुख निश्चय ही बहुत-बहुत बेहतर है।

जलौघमग्ना सचराचरा धरा

हजारी प्रसाद द्विवेदी के प्रसिद्ध उपन्यास 'बाणभट्ट' की आत्मकथा में भट्टिनी भक्ति-कातर वाणी में महावराह की स्तुति करती है:—

जलौघमग्ना सचराचरा धरा विषाणकोट्याखिल विश्वमूर्तिना।
समुद्धृता येन वराहरूपणिा स मे स्वयंभुर्भगवान् प्रसीदतु।।

महावराह द्वारा पृथ्वी के उद्धार के भारतीय पौराणिक मिथक का लघुतम उदाहरण नीदरलैंड को देखकर प्राप्त किया जा सकता है। इस देश के साठ फीसदी लोग समुद्र की सतह के नीचे निवास करते हैं। नीदरलैंड उत्तर से दक्षिण तक समुद्र की सतह से दो-तीन मीटर नीचे बसा हुआ है। Zuid में एक ऐसा भी स्थान है जो समुद्र तल से 22 फुट नीचे है और यह नीदरलैंड का सबसे नीचा स्थान है। शताब्दियों पूर्व इस देश का हालैंड प्रान्त आर्थिक दृष्टि से अन्य सभी प्रान्तों से ज्यादा समृद्ध था और यहीं से सारी दुनिया के साथ व्यापार संचलित होता था। विदेशी व्यापारी यहाँ के व्यापारियों को हालैंडवासी के ही रूप में जानते थे। अत: इस देश को ही सामान्य तौर से हालैंड के नाम से जाना जाने लगा। मगर पूरे देश का राजनीतिक नाम नीदरलैंड है। डच भाषा में इसे Lage Landen अर्थात् Low land या नीची जमीन कहते हैं। रोमानिया में जन्मी और 1987 में जर्मनी में बस गयी जिस जर्मन लेखिका हेर्टामूलर को वर्ष 2009 में साहित्य का नोबल पुरस्कार मिला है। उन्होंने 1982 में अपने पहले ही कथा संग्रह का नाम रखा था 'नीदेरुनजेन' अर्थात् Low lands। इस पर रोमानिया की सरकार ने प्रतिबन्ध लगा दिया था। बाद में यह पांडुलिपि किसी तरह जर्मनी लाई गयी जहाँ 'स्पीगेल' पत्रिका में यह 1984 में प्रकाशित हुई। यह रोमानिया में जर्मन भाषा बोलने वाले एक छोटे से गाँव की जिन्दगी के बारे में थी जिसे जर्मनी में काफी लोकप्रियता मिली थी।

नीदरलैंड समुद्र के डेल्टा जैसा है। समुद्र से इस धरती का उद्धार करके

17वीं शताब्दी में इसे फूलों की धरती के रूप में सुसज्जित और विकसित किया गया। यहाँ के साहसी और प्रतिभावान निवासियों ने अपने शरीर बल और कौशल द्वारा बड़े-बड़े विशाल बाँध बनाकर इसे समुद्र के जबड़े से छीन कर बाहर किया। उन्होंने सड़कें बनाईं (कहीं-कहीं नदियों और सागर के नीचे भी), पुल बनाए, वनस्पतियाँ उगाईं, बड़े-बड़े कारखाने और उद्योग लगाए, सुन्दर-सुन्दर भवनों का निर्माण किया तथा आधुनिकतम कला-संस्कृति का विकास किया। इसलिए नीदरलैंड में एक कहावत है कि ''सारी सृष्टि को तो ईश्वर ने बनाया है मगर नीदरलैंड को मनुष्य ने,'' और यह कथन सौ प्रतिशत सच है। बेल्जियम, नीदरलैंड और लक्जमबर्ग-ये तीन देश कृत्रिम देश (Artificial countries) भी कहे जाते हैं। इन तीनों का कुछ-कुछ हिस्सा समुद्र की सतह से नीचे बसा हुआ है। इनमें बेल्जियम जैसे छोटे देश में भी तीन भाषाएँ हैं—फ्लेमिश, फ्रेंच और जर्मन। हिन्दी में रामकथा के अधिकारी विद्वान और कोशकार फादर कामिल बुल्के, जिनकी इस वर्ष (2009 ई.) जन्म शताब्दी मनाई जा रही है, की मातृभाषा फ्लेमिश ही थी और वे वहीं के रहने वाले थे। उन्होंने भारत को ही अपनी मातृभमि मानकर हिन्दी की अभूतपूर्व सेवा की। वाटरलू नामक प्रसिद्ध स्थान जहाँ वेलिंग्टन ने नेपोलियन को अन्तिम रूप से हराकर यूरप पर शासन करने के उसके मंसूबे को चकनाचूर कर दिया था, बेल्जियम का ही एक प्रमुख आकर्षण स्थल है, जो बेल्जियम की राजधानी ब्रसेल्स (Brussels) से मात्र 18 किलोमीटर दक्षिण में हैं।

मैं भारत से नीदरलैंड की तुलना करूँ तो वह देश भारत के एक छोटे से राज्य पंजाब या हरियाणा के बराबर है। उत्तर प्रदेश तो उससे कई गुना बड़ा है। नीदरलैंड का क्षेत्र उत्तर से दक्षिण लगभग 300 किलोमीटर और पूरब से पश्चिम लगभग 150 किलोमीटर है। जबकि उत्तर प्रदेश का पूरब से पश्चिम 800 किलोमीटर और उत्तर से दक्षिण लगभग 400 किलोमीटर। इसी प्रकार नीदरलैंड की आबादी कुल एक करोड़ 65 लाख है जबकि भारत की 110 करोड़। लेकिन इतने छोटे से देश की आय भारत जैसे विशाल देश से ज्यादा है।

एक दिन (26.4.2009) मैं देनहेल्दर (Denhelder) गया। यह यूरप का सबसे बड़ा सैन्य बन्दरगाह और नौ सेना का केन्द्र है। यहाँ से नाटो को तेल की सप्लाई होती है। यहाँ एक छोटा-सा कस्बा भी विकसित हो गया है। देनहेल्दर में एक सुदृढ़ बाँध बनाकर समुद्र को बढ़ने से रोक दिया गया है। एक तरफ विशाल समुद्र और दूसरी तरफ झील का मनोरम दृश्य है। इस बाँध की कल्पना आज से सौ वर्ष पहले इंजीनियर कारनेलस लेली ने की थी जिसकी भव्य प्रतिमा यहाँ स्थापित है। उसके नीचे एक श्रमिक की प्रतिमा भी है जो उन असंख्य मजदूरों की प्रतीक है जिन्होंने इस जीवनदायी बाँध के निर्माण में अपना पसीना बहाया

था। नीदरलैंड जल से त्रस्त देश रहा है। जर्मनी, फ्रांस और स्विटजरलैंड की नदियाँ प्राय: हालैंड में ही समुद्र में गिरती हैं।

देनहेल्दर के पास कुछ द्वीप भी हैं जहाँ यहीं से लोग जहाज द्वारा जाते हैं। प्राय: वीक एंड (शानिवार, रविवार) पर मौज मस्ती करने। मैंने एक जहाज देखा जिसका नाम—Dokter wage maker था। उसमें कई सौ कारें, ट्रकें और घोड़े चढ़ाए जा सकते थे। उसके दो या तीन मंजिलों में सामान, वाहन आदि भरे जाते थे और ऊपरी मंजिल पर यात्री यात्राएँ करते थे। नीदरलैंड में कारों के पीछे लोग कई-कई साइकिलें भी लाद लेते हैं। वहाँ के लोगों का साइकिल प्रेम विख्यात है। कारों के पीछे घोड़ों को ले जाने के लिए भी कैरियर होते हैं। कारें खड़ी करके लोग साइकिल और घुड़सवारी का भी आनन्द लेते हैं।

अल्कमार से देनहेल्दर का रास्ता सुन्दर है। चारों और हरियाली और ट्यूलिप के फूलों की खेती। सुरमई, नीले, बैंगनी, पीले, फीरोजी, मैरून, हल्के पीले, हल्के गुलाबी, श्वेत आदि रंगों के ट्यूलिप फूलों से पटे लम्बे खेत बहुत आकर्षक हैं। देनहेल्दर क्षेत्र में एक तरफ मानव निर्मित झील और दूसरी ओर समुद्र। बल्कि कहें कि समुद्र को ही बाँधकर यहाँ के लोगों ने न केवल जमीन छान ली है बल्कि घलुए में सुन्दर सुन्दर झीलें भी झटक ली हैं। देनहेल्दर से वापसी में हमने टाटा स्टील प्लांट देखा जो नीदरलैंड में भारत की प्रतिष्ठा का एक चिह्न है। समुद्र किनारे टाटा ने यह फैक्ट्री भूमि सहित खरीद ली है जो नीदरलैंड में इंडियन लैंड है। भारत के उद्योग जगत में टाटा की छवि अपेक्षाकृत अच्छी है और यहाँ भी वह विश्वसनीय है, यह जानकर खुशी हुई। देनहेल्दर से एक नहर निकाली गयी है जिसे 150 वर्ष पहले वहाँ के लोगों ने श्रम से खोदकर बनाया है। उसके रास्ते जहाजों द्वारा समुद्र में आया हुआ सामान अमस्टर्डम शहर में जाता है।

देनहेल्दर में 35 किलोमीटर लम्बा बाँध बनाकर उत्तरी नीदरलैंड की रक्षा तो वहाँ की सरकार ने कर ली, पर 1953 में समुद्र ने दक्षिणी नीदरलैंड में पुन: उसे चुनौती दी। 1953 की जनवरी में वहाँ के फीरअ (Veere) नामक गाँव में वह घुस गया जिसमें 20 हजार आदमी और सारे जानवर लहरों में कवलित हो गये। डच सरकार ने समुद्र की इस चुनौती को स्वीकार किया, इस संकल्प के साथ कि इस दुर्घटना की पुनरावृत्ति नहीं होने देगी। उसने 10 वर्षों का एक डेल्टा प्लान बनाया ताकि समुद्र उसकी सीमा में न घुस सके और समय के भीतर ही उसने अपना संकल्प चरितार्थ कर दिया। उसने समुद्र और नदियों को दैत्याकार बाँधों से बाँध दिया, उन पर लोहे के बड़े-बड़े द्वार लगा दिए कि जब चाहे खोल और बन्द कर सके तथा नदियों और समुद्र के नीचे से रास्ते बना दिए। पेरिस से सड़क मार्ग से नीदरलैंड लौटते हुए मैं इस गाँव में गया था। 4 मई, 2009

को हम लोग पेरिस से बेल्जियम की राजधानी ब्रसेल्स जाने वाले थे, लेकिन रास्ते में कार्यक्रम बदलकर भगवान जी ने दूसरी रास्ता पकड़ा, यह सोचकर कि ब्रसेल्स में केवल शहर ही देखना होगा जो कि निश्चय ही बहुत सुन्दर है, मगर उसका स्थापत्य भी लक्जमबर्ग की ही तरह है जिसे मैं देख चुका हूँ। ऐसा करके उन्होंने मुझ पर उपकार ही किया क्योंकि दूसरे रास्ते में मुझे कुछ दुर्लभ दृश्य देखने को मिल गये। यह रास्ता यूरोपीय ग्रामीण परिवेश से गुजरता था जिसमें सड़कें पतली थीं—आने-जाने भर के लिए, लगभग पचीस-तीस फीट चौड़ी लेकिन स्वच्छ और मजबूत। रास्ते के दोनों ओर के दृश्य कुछ भारतीय ग्रामीण परिवेश से मेल खा रहे थे। जमीन भी वैसी ही समतल जैसे भारत के मैदानी क्षेत्र में होती है। अलकमार से डसेलडोर्फ या डसेलडोर्फ से लक्जमबर्ग और पेरिस के रास्ते जैसा ऊँची-नीची ढलानों वाला रास्ता यह नहीं था। लेकिन अगल-बगल के गाँव भी विकसित और साफ-सुथरे हैं तथा मैदानों में मोटे-तगड़े पशु-गाय और घोड़े घास चरते या बैठे पागुर करते दिख रहे थे।

इसी रास्ते में हमें फीरअ गाँव से गुजरने का मौका मिला जिसकी ट्रैजेडी का जिक्र ऊपर कर चुका हूँ। केस्तानिया (Kastanie) और पापलर (Popelier) के सुन्दर वृक्ष इस गाँव की शोभा बढ़ा रहे थे। इस गाँव के पहले यह एक दूसरे गाँव मिथिलब्रुग (Middle burg) से गुजरे जो अमेरिका के एक राष्ट्रपति रुजवेल्ट का पैत्रिक गाँव है। कहा जाता है कि डच लोग जिन्होंने सबसे पहले अन्य देशों में उपनिवेश कायम किए, वे इसी गाँव के निवासी थे। इस रास्ते में हम 'वेस्तर-स्कलद' (Unester schelde) नामक नदी की प्रसिद्ध और चकित करने वाली उस सुरंग से भी गुजरे जो नदी के नीचे 6.6 किलोमीटर लम्बी है। ऊपर नदी बह रही हो या समुद्र का कोई भाग लहरा रहा हो और उसके नीचे सड़कों पर कारें दौड़ रही हों या कार पार्किंग की व्यवस्था हो, ऐसे दुर्लभ दृश्य यूरप के नीदरलैंड, बेल्जियम और लक्जमबर्ग नामक तीन नीची जमीन वाले देशों (Low countries) में देखकर मनुष्य की अदम्य शक्ति पर आश्चर्य भी होता है और भरोसा भी।

इसी रास्ते में मैंने रोटरडम (Rotterdom) बन्दरगाह भी देखा जो यूरप ही नहीं शायद दुनिया का सबसे बड़ा बन्दरगाह है। इसका विस्तार पैंतीस-चालीस किलोमीटर में है जिसमें आठ आयल रिफाइनरीज हैं। इस बन्दरगाह पर इतना सामान आता है कि पूरे यूरप का जीवन और कारोबार चल जाता है। मैंने यहाँ एक जहाज में बाहर से लदकर आने वाली इतनी कारें देखीं जितनी एक साथ एक स्थान पर कभी नहीं देखी थीं। एक बहुत ही लम्बे जहाज की तीन मंजिलों में केवल कारें भरी हुई थीं। एक दिन हम लोग एगमंड समुद्र तट (Egmond sea beach) भी गये जो उत्तरी समुद्र है। इसका तट मुझे पुरी और मद्रास की

तरह लगा। वैसे ही सीधा और लम्बा। समुद्र यहाँ शान्त लगा। हमने तट पर एक कैफे में कॉफी पी और वहाँ घंटे-डेढ़ घंटे बैठे रहे।

डच लोग अपने शाही परिवार के प्रति बहुत श्रद्धा रखते हैं और अपने देश की रानी के प्रति उनका विशेष आदर भाव है। 30 अप्रैल नीदरलैंड का क्वीन्स डे होता है। इस दिन देश में सार्वजनिक अवकाश होता है। संयोग से इस दिन मैं इस देश में था। मगर दुर्भाग्य से इसी दिन देश के एक शहर ऐपलडूर्न (Apple Doorn) जिसका हिन्दी में अर्थ होगा—'सेब का काँटा'—में एक दुर्घटना हो गयी। एक व्यक्ति ने जानबूझ कर अपनी कार एक स्टैच्यू से लड़ा दी जिसमें पाँच लोग मर गये और लगभग पन्द्रह घायल हो गये। जिस समय यह हादसा हुआ उसी समय नीदरलैंड के राजकुमार और उनकी पत्नी उसी शहर में क्वीन्स डे समारोह का शुभारम्भ करने जा रहे थे। वे खुली बस पर बैठकर जा रहे थे ताकि सड़क किनारे खड़े लोगों का अभिवादन स्वीकार कर सकें। उन्होंने स्वयं उस कार को तेजी से दौड़ते और खम्भे से टकराते हुए देखा। ऐसे में यह समाचार इतना प्रमुख बन गया कि दिन भर टेलीविजन पर आता रहा। वहाँ हर सड़क-चौराहे पर शक्तिशाली कैमरे लगे होते हैं, अतः उस कार की सारी गतिविधि कैमरे में ऐसे कैद थी जैसे हम उस घटना को वहाँ खड़े होकर देख रहे हों। उस घटना के बाद राजकुमार ने उस शहर में क्वीन्स डे आयोजन रद्द करने की घोषणा की। टेलीविजन पर रानी बिट्रिक्स (Beatrix) का शोक प्रकट करना भी दिखाया जा रहा था।

मैं नीदरलैंड के दूसरे शहर अल्कमार में था। उत्सुकतावश क्वीन्स डे का समारोह देखने निकला। नीदरलैंड या कहें कि पूरे यूरप में सार्वजनिक स्थलों जैसे हवाई अड्डा, रेलवे स्टेशन, सिनेमा, बाजार आदि को छोड़कर कहीं सड़क पर आदमी नहीं दिखाई देते। मैंने सड़क चलते रास्ते में या अगल-बगल खेती में मुश्किल से ही किसी आदमी के दर्शन किए होंगे। पर उस दिन पहली बार मुझे आदमियों का समुद्र उमड़ा हुआ दिखा। एक भारतीय मेले का दृश्य था। सड़कों पर ठसाठस भरी भीड़। धीरे-धीरे सरकते चलते लोग। विविध वर्णी। काले, गोरे, श्वेत, गेहुएँ, गुलाबी, सुरमई। भूरे, लाल और काले बालों वाले। रंग-बिरंगी वेशभूषाओं में। अधिकांश तो ठंड में भी अर्द्धनग्न। बच्चे, युवा, वृद्ध और कुछ तो व्हील चेअर्स पर चलते हुए। एक से एक सुन्दरियाँ। एक युवती तो मैंने ऐसी देखी जैसी अब तक नहीं देखी थी। वह लगभग साढ़े छः फुट लम्बी, बलिष्ठ भुजाओं और कदली जंघाओं वाली, गौरवर्णी तथा बड़ी-बड़ी कजरारे नयनों वाली। मगर जो सबसे आकर्षक था उसकी काया में वह था उसका वक्षस्थल। ऐसा लगता था जैसे दो बड़े-बड़े बिल्व फल उसके वक्ष पर रख दिए गये हों। कालिदास

ने 'रघुवंश' के एक छन्द में माँ पार्वती के 'सुवर्ण घट जैसे स्तनों' का बिम्ब दिया है। किसी कुशल कलाकार द्वारा गढ़ी गयी रोमन योद्धा की श्वेत संगमरमरी मूर्ति जैसी वह युवती अपने में इतनी पूर्ण थी कि कहीं से कोई असन्तुलन उसमें नजर नहीं आ रहा था। मेरी बड़ी इच्छा थी कि वह दुबारा दिख जाय और मैं उसके साथ एक चित्र लेने का आग्रह करूँ पर वह नहीं दिखी, और दिख भी जाती तो क्या अपनी इच्छा मैं उससे व्यक्त करने का साहस कर सकता था? इस मेले में लोग अपनी-अपनी दुकानें सजाए हुए थे। प्रायः पुराने सामानों की। पता चला कि जो लोग अपने पुराने सामान बेचना चाहते हैं आज के दिन का इन्तजार करते हैं। इस दिन बाजार में वे अपना सामान सजा देते हैं और जिसे पसन्द आता है, कम मूल्यों पर उसे खरीद लेता है। बच्चे भी बड़े उत्साह से अपनी दुकानें लगा कर बैठते हैं। खाने-पीने के रेस्तराँ में लोग खराब और तरह-तरह के भोज्य पदार्थों का आनन्द लेते हैं। मैं तो मेले में डरते-डरते चल रहा था कि कहीं किसी सुन्दरी की काया को धक्का न लग जाय। भीड़ से मुझे वैसे ही घबराहट होती है और यहाँ तो विदेश है। पता नहीं मेरे किस व्यवहार को किस प्रकार ग्रहण करें। मेले में शोर बहुत था। लोग खुशी में चीख चिल्ला रहे थे और जगह-जगह समूह में अपने वाद्ययन्त्र बजा रहे थे। एक-दो जगह ढाक-तासा जैसे वाद्ययन्त्र थे जो भारतीय गाँवों के उत्सवों में बजाए नहीं जोर-जोर से पीटे जाते हैं। इस दिन सारी सड़कों पर सवारियों का चलना बन्द रहता है। सड़कों पर लोग अपनी दुकानें लगा कर कब्जा कर लेते हैं और उन्हें कोई किराया आदि भी नहीं देना होता। वहाँ के लोग खुशहाल हैं, अतः दिन भर मौजमस्ती करते हैं। वैसे तो वहाँ सड़कों पर कागज का कोई टुकड़ा भी फेंकना जुर्म है और कोई फेंकता भी नहीं है पर आज के दिन पूरी छूट है। सारी सड़कें कागजों, कागज की खाली प्लेटों-गिलासों आदि से पटी है। रात में सफाई की गाड़ियाँ आएँगी तो उनकी सफाई होगी।

नीदरलैंड के लोग बहुत लम्बे होते हैं। आँकड़ों के आधार पर कहा जाता है कि धरती पर सबसे ज्यादा लम्बाई का औसत नीदरलैंड में ही है। वहाँ पुरुषों की औसत लम्बाई छः फीट चार इंच और स्त्रियों की पाँच फीट साढ़े सात इंच है। कुछ पुरुष और स्त्री तो यहाँ सात फीट से भी अधिक लम्बे हैं। मैंने जिस सुन्दरी युवती का जिक्र ऊपर किया है वह इसी कोटि की है। कुछ लोग कहते हैं कि ईश्वर ने उस नीची जमीन पर ऊँचे लोग इसलिए बनाए कि वे पानी की बाढ़ में अपने जीवन की रक्षा कर सकें।

नीदरलैंड का शासनतन्त्र संसदीय और राजतन्त्र का मिलाजुला रूप है। वहाँ की संसद में दो सदन हैं जिसमें उच्च सदन के सदस्य प्रान्तीय सभाओं से चुनकर आते हैं और निचले सदन के लोग सीधे जनता द्वारा चुने जाते हैं। रानी वहाँ राज्य

की प्रमुख होती है। वह प्रधानमन्त्री की नियुक्ति करती हैं जो अपने कैबिनेट सहित संसद के प्रति जवाबदेह होता है। वहाँ चुनाव बहुत शान्तिपूर्ण होते हैं। पार्टी के नीतियों के आधार पर जनता वोट देती है। चुनाव के दिन तक वहाँ कोई भीड़भाड़, प्रचार, पुलिस, पंडाल, गड़ियों का काफिला आदि कुछ नहीं दिखाई पड़ता। यूरप के अनेक देशों में राजनीतिक नेतृत्व भ्रष्ट नहीं है। बल्कि कदाचारी व्यक्ति चुनाव लड़ ही नहीं सकता। जिसके भी विरुद्ध मीडिया में कुछ छप जाता है उसे तुरन्त त्यागपत्र देना पड़ता है। किसी भी सत्ताधारी नेता को विशेषाधिकार प्राप्त नहीं है। किसी की कोई सरकारी सुरक्षा व्यवस्था नहीं है। वह भी सामान्य व्यक्ति की तरह अपनी कार स्वयं चलाते हुए सड़क पर निकलता है। नौकरशाही का कोई आतंक नहीं है। न नौकरशाहों को विशेष सुविधाएँ। कोई भी नेता या नौकरशाह अपने किसी सम्बन्धी या प्रिय पात्र को नियमों का उल्लंघन करके कोई मदद नहीं कर सकता। आपको आश्चर्य होगा कि अपने यूरप प्रवास में मैंने किसी के हाथ में कोई शस्त्र नहीं देखा। अपवाद के लिए इक्का-दुक्का पुलिस की कमर में रिवाल्वर या पिस्तौल लटकते दिखे।

नीदरलैंड में लोग समय का बहुत ध्यान रखते हैं। वहाँ यदि आप किसी को अपने घर आमन्त्रित करते हैं तो तिथि और समय के साथ यह भी बता दीजिए कि उसे क्या खिलाना-पिलाना चाहते हैं। वह घड़ी की सूई के साथ आपके दरवाजे की घंटी बजाएगा। वैसे वहाँ किसी के घर जाने पर चाय या कॉफी तो सत्कार में अवश्य ही मिलेगा। यहाँ तक कि जो मिस्त्री-मजदूर आदि किसी के घर आते हैं उन्हें भी चाय या कॉफी दी जाती है। वहाँ किसी के घर जाने पर 'हेलो' कहने से पहले लोग पूछते हैं, ''कॉफी''? अर्थात् क्या आपके लिए कॉफी लाऊँ? मैंने किसी पत्रिका में पढ़ा कि एक विदेशी महिला, जो डच नहीं जानती थी, ने तो यह समझ लिया कि वहाँ 'कॉफी' ही 'हेलो' का पर्यायवाची है। वहाँ घर आने वाले मित्र का स्वागत भी बड़े विचित्र ढंग से होता है। पहले महिलाएँ आती हैं और आने वाले मित्र के गाल पर तीन बार चुम्बन जड़ती हैं—दायें, बायें फिर दायें गाल पर। फिर पुरुष हाथ मिलाते हैं और सभी महिलाओं के गाल पर तीन बार चुम्बन जड़ते हैं—दायें, बायें, दायें। नीदरलैंड में जन्मदिन मनाने का रिवाज भी लगभग जरूरी-सा है। अपना जन्मदिन न मनाना वहाँ एक असामाजिक कृत्य समझा जाता है और दूसरे के जन्मदिन के निमन्त्रण पर न जाना तो और भी बड़ा। विवाह भी वहाँ चर्च में हो जाने के बाद किसी सार्वजनिक स्थल पर उसका समारोह आयोजित करना होता है।

नीदरलैंड के लीडन (Leiden) विश्वविद्यालय में संस्कृत, हिन्दी और इंडोलाजी के विभाग हैं जो भारत के साथ उसके सांस्कृतिक सम्बन्धों के प्रमाण हैं। 1865

ई. में संस्कृत के प्रथम प्रोफेसर के रूप में वहाँ Hendrik Kern (1833-1917) नामक डच विद्वान की नियुक्ति हुई थी जो बनारस के क्वीन्स कॉलेज में भी संस्कृत के प्रोफेसर रह चुके थे। बनारस से लौटकर लीडन में प्रोफेसर का पद ग्रहण करते हुए उन्होंने जो प्रथम व्याख्यान दिया था, उसका शीर्षक था– India's share in the history of civilization. उन्नीसवीं शताब्दी में जैकब हाफनर (jacob Haafiner) नामक लेखक ने, जो कुछ दिन बंगाल और श्रीलंका में रह चुके थे, अपने संस्मरणों की कई पुस्तकें लिखीं। वे हिन्दी और तमिल दोनों भाषाएँ जानते थे और उन्होंने पहली बार रामायण के कुछ अंशों का डच भाषा में अनुवाद किया था।

1950 ई. में भारत और नीदरलैंड के बीच कूटनीतिक सम्बन्ध स्थापित हुआ और तब से भारतीयों का वहाँ जाना भी प्रारम्भ हुआ। धीरे-धीरे शिक्षा, शोध और नौकरी के लिए वहाँ जाने वाले भारतीयों की संख्या में निरन्तर वृद्धि हुई। 1970 के बाद वहाँ पंजाब से बहुत से मजदूर रोजी की तलाश में गये। आजकल लगभग 20 हजार भारतीय वहाँ रह रहे हैं। 1975 में सूरीनाम, जो नीदरलैंड का उपनिवेश था, के आजाद होने के बाद लगभग एक लाख साठ हजार भारतीय मूल के सूरीनामी नागारिक नीदरलैंड में जाकर बस गये। हेग, अमस्टर्डम और रोटरडम आदि नगरों में। इनमें लगभग 76 प्रतिशत हिन्दू और 20 प्रतिशत मुसलमान हैं। इन्होंने हेग में अपने मन्दिर और मस्जिद भी बनाए हैं। नीदरलैंड में सूरीनामी हिन्दुस्तानियों के कारण भारतीय संस्कृति जीवित है। वहाँ भारतीयों की संख्या बढ़ती ही जा रही है। भारतीय वहाँ अपनी निष्ठा, कठिन श्रम और कार्यकुशलता के लिए बहुत प्रशंसित है। वहाँ नीदरलैंड भारत संघ (NIA) और FCCI (Foundation for Critical Choice for India) नामक संगठन भी कार्यरत हैं जो नीदरलैंड और भारत के आपसी सम्बन्धों को प्रगाढ़ और व्यापक बनाने के लिए प्रयत्नशील हैं।

अल्कमार शहर, जो यूरप प्रवास में मेरा निवास था, अमस्टडर्म से लगभग 40 किलोमीटर उत्तर में बसा हुआ है। वह पनीर (चीज) का नीदरलैंड में सबसे बड़ा बाजार है। पनीर खरीदते समय वहाँ ओल्ड चीज, यंग चीज, विंटर चीज, स्प्रिंग चीज आदि नामों से उसकी गुणवत्ता की पहचान करते हैं। मेरा दुर्भाग्य देखिए कि मैं पनीर पसन्द नहीं करता।

वैसे तो यूरप के अनेक नगरों में साइकिल चलाने का शौक है, मगर नीदरलैंड इसके लिए विख्यात है। डच लोग गर्व से कहते हैं कि वे, ''साइकिल पर पैदा हुए हैं।'' कुछ लोगों के अनुसार नीदरलैंड में प्रतिवर्ष 10 लाख साइकिलें बिकती हैं। कुछ के अनुसार 10 लाख साइकिलें चोरी होती हैं। इस प्रकार के कथन साइकिल का महत्त्व बताने के लिए हैं, कोई वास्तविक आँकड़ा देने के लिए नहीं। यहाँ लगभग हर व्यक्ति के पास अपनी साइकिल है। यहाँ तक कि कुछ मन्त्री

और बड़े अधिकारी भी साइकिल से चलते हैं। साइकिल के लिए सड़कों के बगल में अलग से सड़क बनी है और चौराहों पर साइकिल के चित्र लगे हुए हैं। मैंने कुछ पुस्तकें भी देखी जिनके आवरण पृष्ठ पर साइकिल का चित्र बना है। यहाँ के सार्वजनिक स्थलों जैसे स्टेशन, सिनेमा, स्कूल, पार्क आदि जगहों पर भारी संख्या में साइकिलें रखी दिखाई पड़ती हैं। कहीं स्टैंड में और कहीं वैसे ही पड़ी हुई। लोग अपनी कारों के पीछे कैरियर में भी साइकिलें ले जाते दिखाई पड़ते हैं। वहाँ के बालक, किशोर, 80 वर्ष के वृद्ध और स्त्रियाँ भी साइकिल प्रेमी हैं। साइकिलों से न केवल चलाने वालों का स्वास्थ्य ठीक रहता है वरन् पर्यावरण प्रदूषण से भी रक्षा होती है।

यूरप में मौसम की चिन्ता एक प्रमुख चिन्ता है जिसके प्रति हर व्यक्ति सचेत होता है। यह ब्रिटेन, जर्मनी, फ्रांस, नीदरलैंड आदि सब में समान है। मौसम का वहाँ कुछ निश्चित नहीं रहता। न जाने कब उसका मिजाज बदल जाय। एक ही दिन में उसके कई-कई रूप दिखाई पड़ते हैं। अधिकांश लोगों ने अपने-अपने घरों में मौसम मापक यन्त्र लगा रखे हैं। बाहर निकलने के पहले उसे देख लेते हैं, कि कब मौसम कैसा रहेगा। अखबारों में मौसम की सूचना प्रथम पृष्ठ पर छपी रहती है। एक दिन यह जानकर कि मैं लन्दन से ऑक्सफोर्ड जा रहा हूँ, होटल के काउंटर पर बैठे मिस्टर पीटर ने मेरे हाथ में एक कागज का स्लिप थमाया जिस पर लिखा था—20C, Clear weather, sun shine। बस इतना ही लिखा था उस चिट पर। उस दिन के मौसम की सूचना। यह है वहाँ मौसम के प्रति सचेतता।

यह पथ बन्धु था

इस बार यूरप की सारी यात्राएँ मैंने कार द्वारा कीं। अम्स्टर्डम हवाई अड्डे के बाहर हुआ 25 अप्रैल को सायं साढ़े छः बजे और वापसी के लिए पुनः दाखिल हुआ 6 मई को दिन में साढ़े बारह बजे। बीच के ग्यारह दिनों जब भी घर के बाहर रहा कार में ही। भगवान जी की कार का नाम है क्यू—7, जो लगभग 70 लाख की है। यह सेटेलाइट से जुड़ी है। इस गाड़ी की विशेषता यह है कि इसमें अपना गन्तव्य स्थान फीड कर दीजिए, फिर यह स्वयं रास्ता बताते हुए आपको वहाँ पहुँचा देगी। यह बताती रहेगी कि इतने मीटर आगे दाएँ या बाएँ मुड़ो या इतने किलोमीटर सीध में चलो। यदि आप भूल से या जानबूझ कर गलत दिशा में मुड़ जाते हैं या आगे निकल जाते हैं तो यह दूसरा सही रास्ता ढूँढ कर आपको निर्देश देगी। गाड़ी-यह भी बताती है कि आप समुद्र की सतह से कितने नीचे या ऊपर या बराबर हैं, आगे कितना जाम है, आपका गन्तव्य कितना दूर है और आपके पहुँचने में कितना समय लगेगा। यदि गाड़ी दुर्घटनाग्रस्त हो जाय तो गाड़ी स्वयं एमरजेंसी काल से इसकी सूचना दे देगी। यदि गाड़ी की चोरी हो जाय तो यह मालिक को सूचित कर देगीं कि यह उसके बिना कहीं अन्यत्र जा रही है। इसकी अधिकतम गति 280 किलोमीटर प्रति घंटे है। गन्तव्य पर पहुँच कर यह कहेगी—Now you are at your destination। मेरे लिए तो यह एक चमत्कार की तरह था।

हम लोग (भगवान, पुष्पिता और मैं) नीदरलैंड के अलकमार शहर से जर्मनी के डसेलडार्फ (Dussel Dorf) शहर के लिए 30 अप्रैल को दिन में साढ़े बारह बजे रवाना हुए। गाड़ी ने वहीं बता दिया कि हम 3 बजे पहुँचेंगी। यहाँ सड़कों के किनारे 50-100 किलोमीटर पर ऐसे स्थान बने होते हैं जहाँ कुछ कुर्सी-मेज रखे होते हैं तथा एक छोटा-सा शेड भी बना होता है जहाँ यात्री थोड़ी-देर बैठ सकते हैं, पखाना-पिशाब कर सकते हैं। यह भारत के ढाबों जैसी व्यवस्था है। लेकिन ढाबे व्यक्तिगत व्यवसायियों द्वारा चलाए जाते हैं, जबकि यह व्यवस्था सरकारी होती है। यहाँ किसी प्रकार की व्यावसायिक दुकान आदि नहीं होती।

यूरप की सड़कें बहुत स्वच्छ, समतल और मजबूत हैं। गति में अवरोध उपस्थित करने वाली कोई स्थिति नहीं। हाईवेज़ (High ways) पर प्राय: तीन लेन सड़कें जाने के लिए और इतनी ही आने के लिए हैं। बीच में लोहे का मजबूत अवरोध और कुछ खाली घासदार जमीन। इनके अतिरिक्त एक-एक लेन और होती है जिस पर कोई सवारी नहीं चलती। वह आपात्कालीन वाहनों जैसे पुलिस वाहन या एम्बुलेन्स आदि के लिए होती है। हाईवेज़ पर शायद ही कोई सौ-सवा सौ किलोमीटर से कम गति से गाड़ी चलाता हो। कुछ लोग 200 किलो मीटर की गति से भी गाड़ियाँ चलाते हैं। तेज चलने वाली गाड़ियाँ स्वयं अपना निर्धारित लेन पकड़ लेती हैं। राजमार्ग को काटती हुई कोई दूसरी सड़क नहीं होती। इसे पार करने के लिए या तो ऊपर से रास्ता होता है या नीचे से। इसलिए बे-रोक-टोक चलते रहिए। अगल-बगल के किसी स्थान पर जाना हो तो जहाँ वैसा निर्देश हो, वहीं से उतर कर जाइए। गाड़ी में बैठे होने पर बाहर की आवाज का पता नहीं होता, लेकिन गाड़ी से बाहर निकलने पर मालूम होता है कि जीवन की रफ्तार कितनी तेज है। सड़क पर निर्धारित लेन के भीतर ही गाड़ी के पहिए रहते हैं, यदि एक फीट भी इधर-उधर हुए तो भयानक हादसा हो सकता है। यूरप हार्न के प्रदूषण से मुक्त है। वहाँ गाड़ी चलाने वाले हार्न बजाना भूल चुके हैं। जब सब अपने नियमों का पालन कर रहे हैं और सड़कों पर न आदमी हैं, न पशु तो फिर हार्न बजाने की जरूरत ही क्या?

अलकमार से डसेलडार्फ लगभग 300 किलोमीटर है। रास्ता सुन्दर। दोनों ओर हरियाली। विस्तृत मैदान और जंगल। कुछ प्राकृतिक और कुछ मनुष्य द्वारा लगाए हुए। खेतों में चरते पशु, विशेषकर गायें। स्वस्थ, मोटी ताजी। प्रतिदिन 30-50 लीटर दूध देने वाली। हाँ, अलकमार से निकलने के बाद ट्यूलिप के खेत नहीं दिखे। ट्यूलिप नीदरलैंड और खास कर उत्तरी नीदरलैंड का ही सौन्दर्य है। हम उत्तर से दक्षिण दिशा में जा रहे हैं। मेरा दिशा ज्ञान सही है। लेकिन आश्चर्य, कि जर्मनी की सीमा में प्रवेश करते हुए न कोई सूचना है, न कोई बोर्ड, न कोई चेकपोस्ट, न कोई जाँच। ऐसा लगता है जैसे हम नीदरलैंड की ही ज़मीन पर चल रहे हैं। वही आकाश, वही हरियाली, वही खेती के मैदान, वही जंगल, वही और वैसी ही सड़कें। सारा यूरप जैसे एक हो। अन्दर कार में कैसेट बज रहा है। उस पर एक छोटी-सी बोध कथा सुन रहा हूँ। एक आदमी अपनी गरीबी से तंग आकर एक दिन एक फकीर के पास जाता है, लेकिन अन्तत: वह स्वेच्छा से पुन: अपनी गरीबी का ही चुनाव कर लेता है।

डसेल डार्फ शहर में हम Asahi नामक होटल में रुके थे। वहाँ भगवान जी मुझे राइन (Rhine Tower) की सबसे ऊँची मंजिल पर रात का भोजन कराने

वाले थे, किन्तु उस दिन उस स्थान की बुकिंग हो चुकी थी। फिर भी वे मुझे वहाँ का दृश्य दिखाने के लिए ले गये। राइन टावर 168 मीटर ऊँचा है। इससे राइन (Rhine) नदी और शहर का अद्‌भुत सौन्दर्य दिख रहा है। राइन नदी नागिन की तरह बलखाती हुई बह रही है जिसके किनारों पर बसा है यह शहर। नदी के किनारे-किनारे सुन्दर चौड़ी सड़क बना दी गयी है जिस पर आदमियों के अलावा अन्य सवारियाँ नहीं चलतीं। मुझे भारत की गंगा की याद आती है। भारत को प्रकृति ने न जाने कितनी नदियाँ दी हैं, ब्रह्मपुत्र से लेकर छोटी गंडक तक। पर उनके साथ हमारा सलूक किसी दुश्मन जैसा है। जिस नदी को हम पवित्रतम मानते हैं, जिसे माँ कहते हैं, जिसमें एक डुबकी लगाना हर आस्तिक भारतीय का स्वप्न होता है, जो भवतारिणी कही जाती है उस गंगा में सारे नगरों की गंदगी गिराई जाती है।

डसेल डार्फ शहर यूरप के अन्य नगरों की ही तरह साफ-सुथरा और अपनी सादगी के स्थापत्य में आकर्षक है। यहाँ भी अम्स्टर्डम की तरह सड़क पर ट्राम गाड़ियाँ चलती हैं। हाँ, भाषा की समस्या यहाँ है क्योंकि लोग अँग्रेजी नहीं जानते या नहीं बोलते हैं। फिर भी टूटी-फूटी अँग्रेजी से काम चल जाता है।

रात के भोजन की तलाश में हम कई होटलों के बोर्ड देखते 'ताजमहल' होटल पहुँच गये। यह नाम से ही भारतीय लगा। इसकी मालकिन सम्भवत: भारतीय थी जिसे मैंने किचेन के कर्मचारियों से हिन्दी में बात करते सुना। दो बेयरों में एक मोरक्को का था दूसरा भारत के हरियाणा के कुरुक्षेत्र का रहने वाला। उसने पहले तो हमसे टूटी-फूटी अँग्रेजी में संवाद किया फिर मुझे पहचान लेने पर हिन्दी में ही बात करने लगा। इस होटल में 'उमराव जान' फिल्म के मेरे अतिप्रिय गीत बज रहे थे जो सैकड़ों बार सुनने के बाद भी मेरे लिए अब तक पुराने नहीं हुए। 'ये क्या जगह है दोस्तों ये कौन-सा दयार है।'

आज एक मई, 2009 है। मजदूर दिवस। यूरप में इसे विशेष दिवस के रूप में मनाया जाता है। कहीं-कहीं सार्वजनिक छुट्टी भी रहती है। मगर हमें यहाँ कोई विशेष आयोजन नहीं दिखाई पड़ा। हो सकता है, हुआ हो, पर हम देख नहीं सके। रूस में सोवियत संघ के पतन के बाद यह दिन भी इतिहास की चीज बन गया।

2 मई, 2009 को जर्मनी के डसेल डार्फ शहर के अपने होटल ASAHI से प्रात: 10 बजे नाश्ता करके हम लक्जमबर्ग (Luxembourg) के लिए रवाना हुए। लक्जमबर्ग डसेल डार्फ से 240 किलोमीटर है। यह रास्ता अलकमार से डसेल डार्फ के रास्ते, जिससे हम कल आये थे, से ज्यादा सुन्दर है। इस रास्ते में छोटी-छोटी पहाड़ियाँ हैं, घाटियाँ हैं, चिनार जैसे ऊँचे नुकीले वृक्ष हैं जैसे

कि कश्मीर में होते हैं। और विस्तृत मैदान, हरियाली, सरसों के पीले भूखंड तो हैं ही। घाटियों में बसे स्वच्छ सुन्दर गाँव—तिकोनी छतों वाले एक मंजिले—दो मंजिलें भवन दिख रहे हैं। घने जंगल हैं लेकिन यूरप के जंगल भी अपने सौन्दर्य में उद्यानों जैसे लगते हैं। आगे बढ़ते हुए 12 बजे दिन में हम लक्जमबर्ग पहुँच जाते हैं। एक-दूसरे देश में। लेकिन रास्ते में न कोई जाँच-पड़ताल, न कोई कस्टम का चेक पोस्ट। मुझे अपनी ही लिखी एक कविता याद आने लगती है—'एक अविश्वसनीय सपना।'[1]

लक्जम्बर्ग एक पहाड़ी शहर है—शिखर पर और घाटियों में बसा। जैसे भारत के शिमला, शिलांग या नैनीताल आदि। यह बहुत पुराना शहर है जिसे उसके स्थापत्य से लक्ष्य किया जा सकता है। शहर में अनेक चर्च हैं। भवनों के रंग हल्के पीले हैं जो कि यूरप के भवनों का जैसे सहज और स्थायी रंग हो। शिखर की सड़कों से नीचे बसे मुहल्ले शिमला शहर का स्मरण करा रहे हैं। इस शहर में एक पुल है जिसके खम्भे बहुत ही लम्बे हैं। देवदारु वृक्षों से भी लम्बे इन खम्भों पर यह पुराना पुल अपने ऊपर दौड़ते हुए आधुनिक वाहनों से युवा लगता है।

हम एक सिटी सीइंग बस से एक-डेढ़ घंटे इस शहर का भ्रमण करते हैं। पतली-पतली गलियों में। पर्यटन विभाग ने कितना आकर्षक बना दिया है इस छोटे से शहर को। कितने देशों के कितने पर्यटक दिख रहे हैं यहाँ। कितने रूप, कितने रंग, कितनी प्रकार की वेशभूषाएँ। इस शहर का सबसे आकर्षक स्थान है स्वतन्त्रता की देवी की मूर्ति जिसे Golden lady memorial कहते हैं। काफी ऊँचाई पर स्थापित पीले रंग की, जैसे सुवर्ण से निर्मित यह नारी मूर्ति आँखों में बस जाती है। पश्चिम की ओर मुख करके खड़ी जैसे कोई सुन्दर नारी हो और पछुआ हवा के झोंके में वस्त्र उसके शरीर से चिपक गये हों। उस मूर्ति के हाथों में एक गोल आकार की माला है जिसे वह नीचे अर्पित करने की मुद्रा में खड़ी है और नीचे एक कटी हुई लाश पड़ी है तथा उसके बगल में बैठा हुआ एक घायल सैनिक है।

---

1. *एक दिन उसने सपना देखा*
बिना वीसा बिना पासपोर्ट
सारी दुनिया में घूम रहा है वह
न कोई सरहद न कोई चेकपोस्ट
समुद्रों और पहाड़ों और नदियों और जंगलों से
गुजरते हुए उसने अद्भुत दृश्य देखे
आकाश के, बादलों और रंगों के
अक्षत यौवना प्रकृति उसके सामने थी

ऐसा लगता है कि स्वाधीनता सेनानियों का अभिनन्दन करती हुई यह मूर्ति उनका माल्यार्पण करने जा रही हो। सिटी सीइंग बस का गाइड फ्रेंच में शहर का विवरण बताता चल रहा है। बीच-बीच में अँग्रेजी में वह इस शहर के लिए कहता है—So small and so great। कितना लघु और कितना महान्। वास्तव में यह देश शायद यूरप का सबसे छोटा प्रभुता सम्पन्न देश है जिसकी कुल आबादी 6 लाख है। शहर की आबादी तो और कम होगी। लेकिन इस देश के लोग इतने में ही सिमट कर रहना चाहते हैं और किसी विदेशी को अपने देश की नागरिकता नहीं देते।

2 मई को ही अपराह्न ढाई बजे हम पेरिस के लिए रवाना हो जाते हैं जो लक्जमबर्ग से 400 किलोमीटर दूर है। आगे थोड़े ही बाद फ्रांस की सीमा शुरू हो जाती है। यहाँ भी सीमा पर कोई जाँच-पड़ताल नहीं। जाँच के लिए पहले जो काउंटर आदि बने थे वे सभी बन्द और सुनसान पड़े हैं। लक्जमबर्ग से आगे पेरिस तक तो प्रकृति की छटा और भी निराली है। रास्ते मे सरसों के फूलों की छवि देखते बनती है। मुझे हिन्दी कवि केदारनाथ अग्रवाल की याद आती है जो सरसों के फूलों पर मुग्ध थे। मगर यह छटा तो कवियों को भी पीछे छोड़ देती है। इस रास्ते की भूमि असम है। एक टीला शुरू होकर ढलता है तो दूसरा शुरू हो जाता है। कहीं पूरा टीला सरसों से पीतवर्ण का दिखाई देता है, कहीं पूरी ढलान। यह क्रम पेरिस तक चलता रहता है अगल-बगल, आगे-पीछे केवल पीला और हरा रंग। मुझे किसी ने बताया था कि धरती का प्रकृत रंग पीला ही है क्योंकि उसमें डाले गये हर बीज के अंकुर पीतवर्ण में ही निकलते हैं। यह कहाँ तक

निर्भय घूम रहे थे पशु-पक्षी
पुरुष स्त्री बच्चे
क्या शहर थे वे और कैसे गाँव
कोई राजा कोई सिपाही
कोई जेल कोई बन्दूक नहीं
चारों ओर खिले हुए चेहरे
और उगते हुए अँखुए
और उड़ती हुई तितलियाँ
उसे अचरज हुआ
उसे सपने में भी लगा यह सपना है
तभी एक धमाका हुआ जोर का
एक तानाशाह की तलवार चमकी
वह काँपता हुआ उठ बैठा
अब वह फिर कोशिश कर रहा था
उसी सपने में लौटने की।

सही है इसे तो भूगर्भवेत्ता ही बताएँगे पर इस समय मैं तो केवल दो ही रंग देख रहा हूँ—ऊपर नीला आकाश और नीचे पीली धरती।

लक्जम्बर्ग से पेरिस के बीच हम कुछ रास्ता भूल जाते हैं हमारी कार की सेटेलाइट गाइड हमें रास्ते पर लाने की कोशिशें कर रही है, पर हम अपनी ही कुछ गलती से फँस गये हैं। इस भूल में हम लगभग घंटे भर भटकते रहते हैं और इस भटकन में पेरिस के एक-दो गाँव और कस्बे देख लेते हैं। यह भी अच्छा ही हुआ—'हम तुम्हें ढूढ़ने के मिस, परिचित होते कण-कण से।' फ्रांस के ये गाँव और कस्बे भी बहुत प्राचीन हैं जो कि इनके स्थापत्य और भव्यमूर्तियों से प्रकट होता है।

सायं 7.30 बजे हम पेरिस शहर में दाखिल हो जाते हैं और कार को गाइड करने वाली अदृश्य लड़की हमें हमारे होटल के द्वार पर पहुँचा देती है। कितना आश्चर्य है कि हमने एक ही दिन में यूरप के तीन देशों की यात्राएँ कर लीं। सुबह नाश्ता जर्मनी के डसेल डार्फ में किया, दोपहर लंचनुमा कुछ लक्जमबर्ग में लिया और रात्रि भोजन पेरिस में करने जा रहे हैं। यूरप के देश इतने छोटे-छोटे हैं कि कब एक देश की सीमा समाप्त होती है और दूसरे देश की शुरू, यह पता ही नहीं चलता। और तब तो और भी नहीं जब वीसा-पासपोर्ट आदि की जाँच न हो।

रात हमने अपने होटल के पास ही 'डकरेस्तराँ' में भोजन किया। इसमें भोजन परोसने वाली एक फ्रेंच युवती 'अनियारे दीरघ नयनों' वाली लावण्यमयी थी। डक होटल सम्भवत: बत्तखों के मांस के लिए प्रसिद्ध है। अपने अगल-बगल मेजों पर भोजन करते लोगों को देखते हुए मेरी स्मृत्ति में पानी पर तैरते और अपने बचपन के द्वार पर डुगुरते बत्तखों का मोहक चित्र सजीव हो रहा था। क्या है यह प्रकृति जहाँ जीव-ही-जीव का भोजन है। सौन्दर्य और हिंसा का विचित्र विरोधाभास!

डसेल डार्फ से पेरिस लगभग 650 किलोमीटर हैं। इतनी लम्बी ड्राइव के बाद भी भगवान में इतनी ऊर्जा बची थी कि वह अपनी कार से हमें पेरिस घुमाने निकल पड़े। रात की बाँहों में पेरिस और भी खूबसूरत हो जाती है। परम्परागत बल्बों की रोशनी में नहाती हुई किसी परीलोक की अप्सरा जैसी। रात बारह बजे यहाँ के मुख्य मार्गों पर पर्यटकों की भीड़ जमा है। कुछ सेक्स में, कुछ नशे में, कुछ मस्ती में डूबे। टहलते, फोटो खिंचाते दुनिया भर के विविध नस्लों, रंगों, रूपों के लोग। पेरिस का मुख्य क्षेत्र वाकई बहुत सुन्दर है। दिल्ली के इंडिया गेट का इलाका इससे ज्यादा खुला और हरा-भरा जरूर है, पर अपनी प्राचीन भव्यता और विशिष्ट स्थापत्य में पेरिस ज्यादा आकर्षक है।

कला और संस्कृति की राजधानी : पेरिस

पेरिस केवल फ्रांस की नहीं, पूरे यूरप की राजधानी है। इसके सौन्दर्य में पूरे यूरप का सौन्दर्य, समृद्धि में पूरे यूरप की समृद्धि और रचनात्मक-वैचारिक ऊर्जा में पूरे यूरप में कला-संस्कृति का साक्षात्कार किया जा सकता है। इस शहर में घुसते हुए सबसे पहले आकर्षित करता है इसके भवनों का स्थापत्य। यह यद्यपि यूरप के अन्य प्रमुख शहरों से काफी मिलता-जुलता है फिर भी इसमें कुछ तो है जो इसे अलग करता है। इस शहर में सभी भवन छः सात मंजिले हैं। सभी हल्के पीले रंग के पत्थरों वाले। द्वार बहुत ऊँचे-लगभग 10 फीट से 15 फीट ऊँचे। मजबूत। इस शहर की मूर्तियाँ मन मोह लेती हैं। इसे प्रतिमाओं का शहर कहा जाय तो कुछ गलत नहीं होगा। भव्य और आकर्षक मूर्तियाँ—राजाओं, रानियों, योद्धाओं, सुन्दरियों, बलिष्ठ पुरुषों, शेरों, हाथियों, घोड़ों, गैडों आदि की मूर्तियाँ शहर की शोभा में चार चाँद लगा देती हैं। सबसे अधिक मूर्तियाँ स्त्रियों, योद्धाओं और घोड़ों की हैं। युद्ध और प्रेम ही मनुष्य के आदिम सरोकार रहे हैं। ऐसी आकर्षक, भावपूर्ण और भव्य प्रतिमाएँ मैंने रूस के सेंटपीट्सबर्ग में देखी हैं। भारत में भी देवी-देवताओं की सुन्दर प्रतिमाएँ बनती हैं जो कि दस-पन्द्रह दिन में ही जल में विसर्जित कर दी जाती हैं। भारत के मन्दिरों—खास कर दक्षिण भारत के मन्दिरों में भी बहुत आकर्षक और भव्य प्रतिमाएँ है। कोणार्क और खजुराहो की मूर्तियाँ तो विश्व प्रसिद्ध हैं। पेरिस शहर की दूसरी विशेषता है इस शहर की सुन्दर वनस्पतियाँ। किशोर और किशोरियों की तरह हरे-छरहरे वृक्ष पंक्तिबद्ध। एक पंक्ति में प्राय: एक ही तरह के वृक्ष। एक वृक्ष का नाम है—केस्तानियाँ बूम (Kastame Boom)। 'बूम' का अर्थ है 'वृक्ष'। यह कर्णफूल की तरह श्वेत और गुलाबी रंग में झूलता है। एक वृक्ष ऐसा है जो ऊपर गोलाई में फैलता है जैसे कि उसे छाँट कर वैसा किया गया हो। शहर के बीच में प्रसिद्ध सीन नदी बहती है जिसे यूनेस्को ने विश्व धरोहर का दर्जा दिया है, जैसे लन्दन में टेम्स को। नदी में एक सीध में अनेक पुल एक ही आकार और एक ही बनावट के। जैसे

अम्स्टर्डम की नहरों पर बने हैं। लेकिन सीन का सौन्दर्य नदी का है जबकि अम्स्टर्डम में नहरों का।

फुटपाथों का सौन्दर्य सारे यूरप के शहरों—इंग्लैंड, नीदरलैंड, जर्मनी, लग्जमबर्ग—आदि सब में है। इन फुटपाथों पर यूरप का जीवन धड़कता है। सड़कों पर तो कारें चलती हैं। स्त्री-पुरुष-बच्चे-पर्यटक तो धारा की तरह बहते हैं फुटपाथों पर ही। फुटपाथ इतने स्वच्छ, समतल और अवरोधहीन हैं कि पेरिस के फुटपाथों पर मैंने बच्चों और कुछ 65-70 वर्ष के वृद्ध दम्पतियों तक को स्केटिंग करते देखा। यूरप के शहरों में सड़कें भी कम चौड़ी हैं जिन्हें पार करना आसान है। चौड़ी सड़कें भयभीत करती हैं। पतली सड़कों में आत्मीयता और घरेलूपन झाँकता है। पेरिस में कुछ तो 17वीं-18वीं शताब्दी के भवनों के बीच बनारस जैसी गलियाँ हैं। लेकिन गन्दी और टेढ़ी-मेढ़ी नहीं। स्वच्छ और नाक की सीध में जाने वाली।

पेरिस की एक विशेषता और है कि यहाँ के लोगों ने अपने पुरातन को कूड़ा समझ कर फेंका नहीं है। बल्कि अपने इतिहास और अतीत को बहुत प्यार के साथ संरक्षित और सुरक्षित रखा है। उसे राष्ट्रीय स्मारकों में तब्दील कर दिया है। कहीं पुराने को ही नये रूप में स्वीकार कर लिया है। पुराने दरवाजे, पुरानी खिड़कियाँ, पुरानी दीवारें, पुराने फर्नीचर। बल्कि कहीं-कहीं तो पुरानी दीवारों, सीढ़ियों आदि के उखड़े हुए पलस्तर भी ठीक नहीं कराए गये हैं। प्रमुख स्थानों पर लैम्पपोस्ट भी पिछली शताब्दियों के हैं जो सैकड़ों की संख्या में जब एक साथ जलते हैं तो एक अलग ही प्रभाव डालते हैं। पेरिस में आधुनिकता के साथ पुरातन का मेल एक सम्मोहन पैदा करता है। हम सभी जानते हैं कि पेरिस अपनी आधुनिकता और उत्तर आधुनिकता के लिए सारी दुनिया में जाना जाता है। साहित्य, कला, फैशन और रहन-सहन में। नवीनता के आन्दोलन पेरिस से ही शुरू होते हैं। नवीनतम वस्त्र विन्यास, एक-से-एक व्यंजन, एक-से-एक रेस्तराँ और कहवाघर पेरिस में दिख जाएँगे। मनुष्य की स्वाधीनता की छवियाँ यहाँ कदम-कदम पर दिखेंगी। युवतियाँ भी युवकों की तरह शराब और सिगरेट का सेवन करतीं तथा सार्वजनिक स्थलों पर भी युवकों का चुम्बन करतीं और उन्हें बाँहों में घेर कर चलती दिख जाएँगी। फ्रांस में अँगूर बहुत पैदा होता है। उससे बनी फ्रांसीसी शराब सारी दुनिया में जाती है। फ्रांस में एक शैम्पेन नाम का नगर है। इस नाम की शराब दुनिया भर में लोकप्रिय है। शराब और इत्र फ्रांस की इन दोनों चीजों के शौकीन शायद सबसे अधिक हैं।

हम एक साइट सीइंग बस से दिन भर पेरिस के कई चक्कर लगाते रहे। पेरिस दुनिया के अत्यन्त घने बसे शहरों में एक है, मगर वह अमेरिका जैसी बहुमंजिली इमारतें नहीं खड़ी कर रहा है कारण, कि ऐसा करने से उसका स्वरूप

बिगड़ जाएगा। इस प्रकार की सोच पेरिस की ही नहीं, यूरप के लन्दन आदि अन्य नगरों की भी है। पेरिस का केन्द्र बिन्दु है विश्व प्रसिद्ध गिरिजाघर नौत्रदाम। यह शहर के बीचों-बीच खड़ा है। नेपोलियन का विजयद्वार एक भव्य और प्रशस्त दर्शनीय स्थल है। 'कोन्कोर्ड' चौक जहाँ 16वें लुई की हत्या की गयी थी। यहाँ अलग-अलग दिशाओं में आठ प्रतिमाएँ स्थापित हैं।

पेरिस का लूब्र संग्रहालय संसार का सबसे बड़ा संग्रहालय है। इसमें दुनिया भर की दुर्लभ और प्राचीन तथा आधुनिक कलाकृतियाँ सुरक्षित हैं। महीने के प्रथम रविवार को इसे देखने के लिए पंक्तिबद्ध भीड़ खड़ी है। जैसे जन समुद्र उमड़ पड़ा हो। बहुत से लोग इसे बार-बार देखते हैं। मूर्तिकार जियाँकामेती ने तो दावा किया था कि उसने 65 हजार बार लूब्र को देखा है अर्थात् उसकी जिन्दगी के बीस वर्ष लूब्र में ही गुजरे हैं। यह संग्रहालय इतना विशाल है कि इसे महीने भर में भी नहीं देखा जा सकता। हम इसके केवल प्रथम फ्लोर पर गये जहाँ कुछ पुरानी मूर्तियाँ और पेंटिंग्स संरक्षित हैं। एक से एक भव्य पेंटिंग्स। सबसे ज्यादा भीड़ मोनालिज़ा के सामने थी, सबसे ज्यादा कैमरों में वही कैद हो रही थी। पता नहीं क्यों? किसी से भी पूछने की जरूरत नहीं क्योंकि सब यही बताएँगे कि उन्होंने इसके बारे में बहुत पढ़ा और सुना है। क्या जिसकी सबसे अधिक चर्चा हो वही महत्त्वपूर्ण भी है? इसी संग्रहालय में एक-से-एक पेंटिंग्स हैं जो उससे अच्छी भी हैं फिर उसी पर इतनी बहस क्यों? क्या मीडिया और आलोचक भी कुछ कृतियों को महान् बना देते हैं? मैं बार-बार कहता हूँ कि भारत के हर जिले और हर तहसील में एक-से-एक सुन्दर स्त्रियाँ हैं, लेकिन मीडिया ने ऐश्वर्या राय और कुछ दो-चार को ही विश्वसुन्दरी बना दिया। गाँवों गालियों की उन सुन्दरियों को मीडिया के पँख नहीं मिले। यही हाल कला और साहित्य में भी है।

पेरिस में घूमते हुए यहाँ के महान लेखकों, कलाकारों और बुद्धिजीवियों की स्मृति स्वाभाविक है। बालज़ाक, विक्टर ह्यूगो, मोपासाँ, रिम्बो, बादलेयर, मलार्मे, प्रूस्त, ज़ोला, कामू, सार्त्र, बेकेट, आयोनेस्को, पाल गोगाँ, पिकासो आदि। साहित्य, संगीत, नाटक, चित्रकला, शिल्प, स्थापत्य आदि सभी क्षेत्रों में फ्रांसीसी प्रतिभाओं का विशिष्ट योगदान है। यूरप के लगभग सभी कला आन्दोलन पेरिस से ही शुरू होते हैं। यथार्थवाद, प्रभाववाद, प्रकृतवाद, घनवाद (क्यूबिज्म), प्रतीकवाद, दादावाद और न जाने कितने-कितने वाद। पेरिस में कला, संस्कृति के प्रेम को देखते हुए कहना होगा कि भारत में इनके प्रति इतनी जागरूकता नहीं है।

भारत के चंडीगढ़ शहर का स्मरण करते हुए लकारबुइजिए का भी स्मरण स्वाभाविक है जिन्होंने उस शहर को बनाया था और जो पेरिस के ही रहने वाले थे। मगर एक कृतज्ञ भारतीय के मन में पेरिस के प्रसिद्ध लेखक, विचारक और

नोबेल पुरस्कार से सम्मानित रोमा रोलाँ की स्मृति सबसे ऊपर चमकनी चाहिए। रोमा रोलाँ ने तीन भारतीय महापुरुषों की जीवनियाँ लिखी हैं— रामकृष्ण परमहंस, विवेकानन्द और महात्मा गाँधी। इनमें पहले दो से तो उनकी भेंट भी नहीं थी। तीसरे से वे मिले थे 1931 में, लेकिन उनकी भी जीवनी उन्होंने 1924 में ही लिख दी थी। ये तीनों जीवनियाँ अद्‌भुत हैं जिन्हें हर भारतीय बुद्धिजीवी को अवश्य पढ़ना चाहिए। इनमें यूरोपवासी होते हुए भी रोमा रोलाँ का भारतप्रेम, उनकी तटस्थता और उनका सूक्ष्म विश्लेषण देखने योग्य है। वे भारत की आज़ादी के प्रबल समर्थक थे और गाँधी के अहिंसा और सत्याग्रह को बीसवीं शताब्दी का महान मूल्य स्वीकार करते थे।

18वीं शताब्दी के अन्तिम दशक में फ्रांस में जो राज्यक्रान्ति हुई वह यूरप के लिए ही नहीं, सम्पूर्ण विश्व के लिए एक प्रेरणास्रोत बन गयी। उस क्रान्ति में पहली बार स्वतन्त्रता, समानता और भातृत्व के नारे से यूरप गूँज उठा। वाल्तेयर और रूसो जैसे दार्शनिक सारी दुनिया में चर्चा के विषय बने। फ्रांस के शासक 16वें लुई के जालिम शासन का अन्त हुआ और फ्रांस को गणराज्य घोषित किया गया। फ्रांस ने व्यक्तिगत स्वाधीनता को बड़ी गहराई से स्वीकार किया। अपने समय में 1968 के आसपास का वर्ष मुझे व्यक्तिगत रूप से याद है जब फ्रांस के सोरबोन विश्वविद्यालय के छात्रों ने आन्दोलन किया था और वह युवा असन्तोष सारी दुनिया में व्याप्त हो गया था। पत्रिकाओं ने युवा असन्तोष पर लेख छापने शुरू कर दिए थे। प्रसिद्ध विचारक सार्त्र तक उसका समर्थन करते हुए सड़क पर उतर गये थे। उस समय माँग उठी थी कि सार्त्र को गिरफ्तार किया जाय, जिसके जवाब में देगाल, जो कि फ्रांस के ही नहीं दुनिया के मजबूत राष्ट्राध्यक्षों में एक थे, ने कहा था, "मैं सार्त्र को गिरफ्तार नहीं कर सकता क्योंकि सार्त्र फ्रांस है और फ्रांस को गिरफ्तार नहीं किया जा सकता।" इस प्रकार की वाणी फ्रांस में ही सुनाई पड़ सकती है। फ्रांस ने अपनी भाषा, अपनी संस्कृति और अपने लेखकों-कलाकारों को बेहद प्यार किया है। पेरिस के अनेक लेखकों-कलाकारों की व्यक्तिगत जिन्दगियाँ अचरज में डालती हैं जिन्होंने अपना अधिकांश जीवन वेश्यालयों, जेलों और कहवाघरों में बिता दिया। उनमें से कई तो बोहेमियन और स्वतन्त्रता को अराजकता की सीमा तक जीने वाले थे। फिर भी उन्हें अपने लोगों का प्यार मिला। यूरप के अन्य देशों की तुलना में पेरिस के लोग अपनी भाषा में बोलना और अपनी भाषा सुनना पसन्द करते हैं।

फ्रांसीसी साम्राज्य एशिया और अफ्रीका में दूर-दूर तक फैला था। लाओस, कम्बोडिया, अल्जीरिया, गिनी, ट्यूनीशिया, मोरक्को, सोमालिया, कांगो आदि देशों में फ्रांस का साम्राज्य था। भारत में पांडिचेरी भी उसके अधीन रहा। स्वाधीनता

आन्दोलन में अँग्रेजों से बचने के लिए प्रसिद्ध क्रान्तिकारी विचारक श्री अरविन्द और तमिल कवि सुब्रह्मण्यम भारती ने पांडिचेरी में ही शरण ली थी। किसी में भी यह जिज्ञासा हो सकती हैं कि व्यक्तिगत स्वाधीनता और कलाओं को महत्त्व देने वाला देश अन्य देशों को गुलाम क्यों बनाता रहा? इसका एक ही उत्तर है कि शासन, साहित्य और जनता के सरोकार भिन्न हुआ करते हैं। फ्रांस के शासन की साम्राज्यवादी महत्त्वाकांक्षा में वहाँ के कलाकारों और जनता की भागीदारी नहीं रही। अल्जीरिया की मुक्ति का समर्थन स्वयं फ्रांस के ही लेखकों ने किया था।

पेरिस में हम होटल Baudelaire opera (61, Ruesainte Anne-75002) में रुके। यह एक पतली स्ट्रीट पर है जहाँ पास में अनेक होटल और रेस्तराँ हैं। यहाँ एक 'इंडियन गाँधी' रेस्तराँ है। एक दिन हमने रात का भोजन 'रानी महल रेस्तराँ' में किया। इसका मालिक चंडीगढ़ का रहने वाला है जो अपने बेटे के साथ चार वर्षों से इसे चला रहा है। उसने हमें भारतीय तन्दूरी रोटी, दाल, मटर आलू, गुलाब जामुन, हलवा और नीबू-मिर्च सहित सलाद खिलाया।

शेष सृष्टि से अलगाव

हिन्दी के प्रसिद्ध आलोचक रामचन्द्र शुक्ल शेष सृष्टि के प्रति मनुष्य के राग में ही कविता, रचना तथा मनुष्यता का भी उत्कर्ष देखते हैं। अपने प्रसिद्ध निबन्ध—'कविता क्या है' में वे लिखते हैं, ''यदि अपने भावों को समेट कर मनुष्य अपने हृदय को शेष सृष्टि से किनारे कर ले या स्वार्थ की पशुवृत्ति में ही लिप्त रखे तो उसकी मनुष्यता कहाँ रहेगी?...इस विश्व काव्य की रस धारा में जो थोड़ी देर के लिए निमग्न न हुआ उसके जीवन को मरुस्थल की यात्रा ही समझना चाहिए।'' 'शेष सृष्टि' से शुक्ल जी का तात्पर्य मनुष्येतर सृष्टि से है अर्थात् नदी, पर्वत, वन, निर्झर, अमराई, खेत, खलिहान, पशु, पक्षी आदि। इसी को वे 'विश्व काव्य की रस धारा' कहते हैं। तो क्या यूरप के मनुष्य की मनुष्यता क्षतिग्रस्त हो गयी है? मैं अगर ऐसा मानूँ तो यह एक भारतीय मन का पूर्वग्रह समझा जाएगा मगर यूरप के ही महान कवि टी.एस. इलिएट भी यदि इसे 'वेस्टलैंड' (मरुभूमि) कहें तो क्या कहा जाएगा? इसमें कोई संदेह नहीं कि यूरप ही नहीं, सारी दुनिया के लोग मरुस्थल की यात्रा पर निकल पड़े हैं। क्या भारत के लोगों का शेष सृष्टि के साथ सम्बन्ध विच्छेद नहीं होता जा रहा है? वस्तुतः आधुनिक 'प्रगति की अवधारणा' में ही यह खोट है। 'प्रगति' अपने बुनियादी स्वरूप में भौतिक समृद्धि और इन्द्रियसुख के लिए एक अनियन्त्रित अनन्त दौड़ है जिसमें मनुष्य सहयात्री की भी चिन्ता नहीं है, बेजुबान 'शेष सृष्टि' की ओर देखने की फुर्सत किसे है। यूरप इस आधुनिक प्रगति की अन्धी दौड़ में सबसे आगे है, अतः वहाँ मनुष्य और शेष सृष्टि का फासला जितना गहरा और चौड़ा दिखाई दे रहा है, उतना भारत और अन्य अविकसित देशों में नहीं। पश्चिमी चिंतन मनुष्य केन्द्रित है। उसमें मनुष्य ही प्रकृति का सिरमौर है। वह अपने स्वास्थ्य, सुख और आनन्द के लिए प्रकृति को अपना भोज्य मानता है। प्रकृति जैसे उसी प्रतिद्वन्द्वी है। उस पर वह अधिकार कर सकता है। अमेरिका तो जंगलों को काटकर और वहाँ के आदिवासियों तक का सफाया करके बसा है। उन्होंने समुद्र, आकाश, वायु सब पर विजय प्राप्त करने

को मनुष्य की सभ्यता और प्रगति मान लिया है। यूरप और विशेषकर नीदरलैंड में तो मैंने खुद अपनी आँखों से सागर और नदियों पर मनुष्य की विजय पताका देखी। इस विजय अभियान में कितने मनुष्येतर जीवों की हत्या होती है, इससे उन्हें कुछ भी लेना-देना नहीं।

मैं यूरप के महानगरों, नगरों और छोटे कस्बों तक को देख रहा हूँ—एक भी पशु नहीं दिखाई पड़ते। कुत्ते-बिल्ली अपवाद हैं, लेकिन वे भी स्वतन्त्र नहीं घूम सकते। मनुष्य ने अपनी स्वाधीनता और शक्ति का दबदबा कायम करने के लिए कितने जीवों को गुलाम बनाया है। यूरप के किसी शहर में कोई भी पशुओं को नहीं पाल सकता। पशुओं के लिए गाँव या अलग क्षेत्र हैं। मनुष्य के परिसर में वे उसका खाद्य बनकर ही आ सकते हैं, अपने साबुत जीवन्त रूप में नहीं। मुझे निर्मल वर्मा का कहीं प्रकाशित एक संस्मरण याद आ रहा है। वे किसी विदेशी महिला के साथ पुरानी दिल्ली के किसी भीड़ भरे क्षेत्र में थे। वे आगे चल रहे थे और विदेशी महिला पीछे। थोड़ी देर बाद जब उन्होंने पीछे मुड़कर देखा तो विदेशी महिला काफी पीछे छूट गयी थी। वे उसे देखने जब उसी रास्ते पीछे लौटे तो वह एक स्थान पर मुग्ध भाव से खड़ी एक गाय और कुछ अन्य जानवरों की ओर देख रही थी। निर्मल जी ने पूछा कि वह क्या देख रही है तो उसने बताया कि यह अद्भुत है कि यहाँ मनुष्यों की भीड़ में एक गाय भी खड़ी है—अपनी पूरी स्वाधीनता और निर्भयता के साथ। यह दृश्य उस विदेशी महिला को चकित करने वाला था। मनुष्य और शेष सृष्टि की यह समरसता यूरप में समाप्त हो गयी है। वहाँ सड़कों पर कोई पशु नहीं चल सकता। मनुष्य की रफ्तार इतनी तेज है कि सड़क पर कोई पशु जीवित नहीं बच सकता। उसे दूर खेतों में खड़े, बैठे, चरते या जुगाली करते देखा जा सकता है, जहाँ उसकी जगह अलग कर दी गयी है। लेकिन एक बात और खास तौर पर गौर करने की है। मैंने किसी एक तरह के पशु के झुंड में किसी दूसरे तरह का पशु नहीं देखा। अर्थात् जहाँ गायें हैं वहाँ केवल गायें, घोड़े तो केवल घोड़े, भेड़ें तो केवल भेड़ें। मनुष्य भी क्या चीज है कि उसने न केवल पशुओं को आदमी से अलग किया है बल्कि उन्हें जातियों के आधार पर भी अलग-अलग बाँट दिया है। हिन्दी के विद्यार्थी 'साहित्य' शब्द की व्याख्या करते हुए कहते हैं कि साहित्य वह जिसमें 'सहित' का भाव हो। 'सहित' अर्थात् सृष्टि के साथ लगाव। लेकिन यूरप ने इस 'सहित' के भाव को समाप्त कर दिया है। जहाँ एक मनुष्य के साथ दूसरे का राग भाव समाप्त हो गया वहाँ शेष सृष्टि के साथ उसका रागात्मक सम्बन्ध कैसे सम्भव है? यही है वह मरुस्थल की यात्रा जिसमें सड़क किनारे फूल भी हैं, हरियाली और जंगल भी हैं, खेतों में चरते हुए पशु और कलरव करते पक्षी भी हैं, मगर

मनुष्य में उनके प्रति कोई लगाव नहीं है। वह भागा जा रहा है अपनी प्रगति की दौड़ में। पीछे छूटे कि मारे गये रेस के पराजित घोड़े की तरह। दौड़ का एक नियम होता है कि जो पीछे छूट जाता है उस पर से दर्शक का ध्यान हट जाता है। उसका ध्यान सदा सबसे आगे दौड़ने वाले पर टिकता है। यदि हम मनुष्यता के अपने लाखों वर्षों के इतिहास का स्मरण करें तो पाएँगे कि हमने बहुतों को पीछे छोड़ दिया है। वे जो हमारे परिचित थे, आत्मीय थे और हमारे साथ ही हमारी दौड़ में शामिल थे आज हमसे बहुत दूर हो चुके हैं। जंगलों में, खेतों में, सुनसान इलाकों में, गाँवों में हमने उन्हें रख दिया है। आज भी वे हमारे लिए उतने ही उपयोगी हैं, उनके बिना हम जी नहीं सकते, न सभ्य बने रह सकते हैं, मगर उन्हें हमने अपनी सभ्यता की दौड़ से बाहर कर दिया है। जब तक हमारी रफ्तार कम थी वे हमारे साथ थे, मगर अब हमारी गति बहुत-बहुत तेज हो गयी है। हम अपनी दौड़ में उन्हें अवरोध के रूप में देख रहे हैं। हमने वृक्ष-वनस्पतियों और पशु-पक्षियों के साथ ही यह सलूक नहीं किया, बल्कि अपने पुरखों के साथ भी यही किया और अब अपने वयोवृद्धों के साथ भी यही कर रहे हैं। वे सभी अब हमारे गति अवरोधक हैं और हम सभ्यता की दौड़ में आगे और आगे निकल जाना चाहते हैं।

भारतीय चिंतन आत्मवादी है। उसमें सृष्टि के कण-कण में आत्मा का निवास माना जाता है। यह अहिंसा को परमधर्म कहता है। यह बहुलतावादी दर्शन है जो विविध आचार-व्यवहारों और विश्वासों के साथ मिलजुल कर रह सकता है। इसीलिए भारतीयों ने दूसरे देशों को अपना उपनिवेश नहीं बनाया न उनकी संस्कृतियों को नष्ट करने की कोशिशें कीं। भारत में प्रकृति माँ है, पृथ्वी माँ है। मातृदेवी के रूप में उनकी वन्दना की जाती है। बैल, मोर, चूहा, साँप, हाथी, शेर, उल्लू आदि पशु-पक्षी देवताओं के वाहन हैं। पीपल, नीम, आम, विल्व, तुलसी आदि वृक्ष वनस्पतियाँ पूज्य हैं। भारतीय धार्मिक विश्वासों के अनुसार प्रत्येक जीव अपने कर्मों के अनुसार 84 लाख योनियों में भ्रमण करता है। यह विश्वास जीव मात्र को एक ही धागे में पिरोने वाला है।

इस सन्दर्भ में निर्मल वर्मा लिखते हैं, "अन्य पूर्वी संस्कृतियों की तरह भारत में भी मनुष्य को सृष्टि का सम्पूर्ण स्वामी नहीं माना जाता, बल्कि तमाम जीवित प्राणियों में महज एक प्राणी स्वीकार किया जाता है। इसलिए इतिहास मानवीय अतीत की अवधारणा के 'घेरे' में बँधा नहीं रह जाता, बल्कि उन सभी प्राणियों के अतीत से जुड़ जाता है जो मनुष्य को वर्तमान क्षण में घेरे हैं। पश्चिमी मनुष्य द्वारा विकसित 'तर्कणा' की भाषा आज तक इस विशाल, जीवन्त, रहस्यपूर्ण, गैरमानवीय संसार से सम्प्रेक्षण करने का कोई भी रास्ता सुझाने में निष्फल रही

है। मानवीय संसार का गैरमानवीय संसार से अलगाव यूरोपीय सभ्यता का सबसे त्रासद आयाम रहा है।...यदि भारत को इस अलगाव का सामना नहीं करना पड़ा तो यह इसलिए कि उसने गैरमानवीय संसार से कभी अपने 'मिथकीय' सम्बन्धों को नहीं त्यागा। मनुष्य और प्रकृति के बीच इस तरह का कोई अलगाव, कोई विभाजन हो सकता है, इस पर एक पारम्परिक हिन्दू—जो पौराणिक संकल्पना की विश्व दृष्टि में इतना गहरे तक पैठा था—कभी विश्वास नहीं कर पाता, क्योंकि उसके लिए जीवन एक रूप से दूसरे के बीच पुनर्जन्मों और कायान्तरों की एक अटूट शृंखला है, जहाँ हर जीव के भीतर दूसरे के रहस्योद्घाटन की कुंजी अवस्थित है। पौराणिक मिथकों की इन्हीं कुंजियों के सहारे हर हिन्दू मनुष्य और प्रकृति, मानवीय और गैरमानवीय संसारों के बीच के सम्बन्धों के रहस्य को खोलने की कोशिश करता है।'' ('भारत और यूरोप : प्रतिश्रुति के क्षेत्र की खोज' शीर्षक निबन्ध।

घूँघट काढ़े नंगी स्त्री

यूरप में भारतीय स्वाद तलाशना कठिन है। उसके लिए यदि होटलों की पूछताछ, सड़क स्ट्रीट आदि का पता लगाकर कोई जाय भी तो हर भारतीय होटल में भारतीय स्वाद मिल ही जाय, इसकी गारंटी नहीं। लन्दन में तो भारतीयों-पाकिस्तानियों-बंगलादेशियों की एक बस्ती ही है जहाँ पुरानी दिल्ली के बाजारों जैसी रौनक है और जहाँ जलेबी-पकौड़े-समोसे तक उपलब्ध हो सकते हैं। लेकिन यूरप के हर शहर में ऐसा नहीं है। मैंने पेरिस में भी भारतीय होटल में ही खाना खाया और कुछ अन्य शहरों में भी, मगर लगभग सबमें यूरप का प्रभाव तो है ही। वहाँ नमक कम खाते हैं, मिर्च-मसाला-खटाई-तेल-घी उनके भोजन में नहीं होता। बिना इनके भारतीय स्वाद बनता नहीं और इनके साथ यूरप का स्वाद बिगड़ जाता है।

यूरप में भारतीय शाकाहारियों को भोजन की तकलीफ तो होती ही है। मैं अपने साथ भारतीय फास्ट फूड अर्थात् भूजा, चिउड़ा, सत्तू, चना आदि पर्याप्त मात्रा में लेकर जा सकता था, लेकिन हवाई जहाजों में चेकिंग आदि के भय से नहीं ले गया। केवल थोड़ा-सा भूजा रख लिया था कि वक्त जरूरत काम आवे और वह बहुत काम भी आया। मैं बीस दिन यूरप में रहा जिसमें चार रातें मैंने उसी भूजा पर काटीं। चार-पाँच मुट्ठी फाँक कर पानी पी लिया, बस। वैसे शाकाहार में वहाँ शाक-सब्जियाँ, गाजर, टमाटर, फल और जूस पर्याप्त मिलते हैं मगर इनसे तृप्ति नहीं होती। रोटी की जगह वहाँ मशीन से बनाइ ब्रेड प्रचलित है। उसके साथ टमाटर आदि सब्जियों का सैंडविच मेरा भी खाद्य रहा। पनीर वहाँ इफरात है, पर मेरा दुर्भाग्य कि मैं वह भी नहीं खाता।

यूरप का मुख्य भोजन है मांस और मुख्य पेय है शराब। वहाँ के 99 प्रतिशत स्त्री-पुरुष इसी का सेवन करते हैं। मांस में गाय, बछड़ा, भेड़, सूअर, मुर्गा, बतख आदि का। भैंस और बकरे का मांस वहाँ नहीं चलता। मैंने अपने पूरे प्रवास में एक भी भैंस या बकरा वहाँ देखा भी नहीं। शराब की अनेक उम्दा किस्में वहाँ उपलब्ध हैं। फ्रांस तो इसके लिए दुनिया भर में मशहूर है ही। शेम्पेन जैसी विशिष्ट

शराब वहाँ अनेक समारोहों में प्रचुर थी और इच्छानुसार। पर मैं तो तुलसी बाबा की पंक्ति ही दुहाराता रहा—'सकल पदारथ यहि जग माही। भाग्यहीन नर पावत नाहीं।' सचमुच यह मेरा दुर्भाग्य ही है क्योंकि वहाँ खाद्य पदार्थ के नाम पर जो कुछ उपलब्ध था, सौ फीसदी शुद्ध था। चीजों में मिलावट नाम का रोग वहाँ नहीं है। भारत में तो सब कुछ में मिलावट है। चावल, दाल, सब्जी, फल, पानी, शराब-सब में। यहाँ तक कि रहन-सहन, वेशभूषा, बोली-बानी और विचार तक में। इसी को हम आधुनिकता और सभ्यता समझते हैं।

मैंने सड़कों के किनारे खेतों में चरते जानवरों को देखा, जो बहुत स्वस्थ थे। उनमें कुछ तो शुद्ध रूप से मनुष्य के भोज्य के रूप में पाले जा रहे थे। उन्हें समय-समय पर कट कर बाजार में पहुँच जाना था और फिर डाइनिंग टेबुल की प्लेट में। हिंसा-अहिंसा का द्वन्द्व मेरे मन में बराबर चल रहा था, पहले भी चलता रहा है और यूरप से लौटने के बाद इन पंक्तियों को लिखते हुए भी चल रहा है। मांसाहार पर बहुत तर्क-वितर्क हुआ है—पक्ष में भी और विपक्ष में भी। मैं उसके विस्तार में नहीं जाना चाहता। यह सृष्टि ही कुछ ऐसी है कि इसमें कुछ को कुछ दूसरों का भोजन बनना पड़ता है। प्रकृति ने कुछ पशुओं को ऐसा बनाया है कि वे चाहें भी तो मांस के अलावा दूसरा कुछ खा नहीं सकते। उनके दाँतों की बनावट ही ऐसी है, जैसे शेर की। इसी प्रकार जल में बड़े-बड़े जीवों को जिन्दा रहने के लिए छोटे-जीवों की निगलना पड़ता है। मगर मनुष्यों की दुनिया कुछ विशिष्ट है। उसके लिए मांसाहार अनिवार्य और अपरिहार्य नहीं है। परिस्थितियाँ मजबूर कर देती हैं तो बात और है। ऐसी ही एक विकट परिस्थिति में एक समुद्रतट वासी मछुआरे ने गाँधी को पत्र लिखा था कि बापू, आप अहिंसा की बात करते हैं, लेकिन मेरे पास समुद्र की मछलियों को खा कर जीवन यापन करने के अलावा और कोई साधन नहीं हैं। तो मैं क्या करूँ? गाँधी ने उसको उत्तर दिया था कि जितनी मछलियों को मार कर खाने से तुम्हारे जीवन की रक्षा होती है उतनी हिंसा नहीं है। लेकिन यदि तुम मछलियों को मार कर व्यवसाय करते हो तो वह हिंसा है। यूरपवासियों के पास मांसाहार के अलावा क्या और कोई विकल्प नहीं है? वहाँ तो अन्न, फल, सब्जियाँ प्रचुर मात्रा में पैदा होती हैं। वहाँ के मांसाहार समर्थक दूसरा तर्क यह देते हैं कि वहाँ के बेहद ठंडे मौसम में मांसाहार जरूरी है। यह तर्क गाँधी के सामने भी पेश किया गया था जब वह शिक्षा प्राप्त करने विलायत गये थे। शुभ-चिन्तकों ने बहुत दबाव दिया मगर गाँधी पर कोई असर नहीं पड़ा। अपनी आत्मकथा में उन्होंने लिखा है कि उन्होंने अँग्रेजी में अन्नाहार पर लिखी कई पुस्तकें पढ़ीं जिनमें अन्नाहार के समर्थन में धार्मिक, वैज्ञानिक, व्यावहारिक और वैद्यक दृष्टि से सूक्ष्म विचार किया गया था। उन्होंने साल्ट नामक एक लेखक की अँग्रेजी में 'अन्नाहार की हिमायत' नामक पुस्तक एक शिलिंग में खरीदी और उसकी अच्छी छाप उन पर पड़ी।

आश्चर्य है कि उस समय वहाँ शाकाहार से सम्बन्ध रखने वाला एक मंडल था और उसका अपना एक साप्ताहिक पत्र भी था। गाँधी उस पत्र के ग्राहक बने और मंडल के सदस्य भी बन गये। (दे., गाँधी की आत्मकथा, आहार के प्रयोग)। जब उस समय ऐसी स्थिति थी तो क्या आज लन्दन और यूरप में अन्नाहारी न होंगे? और यदि वहाँ की ठंड में कुछ लोगों का भी काम बिना मांसाहार के चल जाता है तो शेष का क्यों नहीं चल सकता? मांसाहार से शरीर को कोई अतिरिक्त बल मिलता है, यह तर्क भी निराधार है। अगर ऐसा होता तो प्रकृति का सबसे बलशाली जानवर हाथी और गैंडा शाकाहारी न होता। इस सम्बन्ध में सारे विश्लेषणों के बाद हम इसी निष्कर्ष पर पहुँचते हैं कि मांसाहार का सम्बन्ध किसी आवश्यकता या विवशता से अधिक आदत और स्वाद से है। आदि मानव आवश्यकता से मांसाहारी था। आज भी कुछ क्षेत्रों में कुछ लोग हैं और हो सकते हैं। मगर एक लम्बे विकास के बाद जब मनुष्य कृषि युग में आया तो उसने मांस का विकल्प उपजा लिया। लेकिन पूर्व युग की अपनी आदत और स्वाद से वह मुक्त नहीं हुआ। मांसाहार इसी का उदाहरण है। कई धर्मों के उत्सवों, पर्वों, कर्मकांडों में तथा देवी-देवताओं के मन्दिरों में पशु बलि की प्रथा आज भी प्रचलित है जो मनुष्य के मांसाहारी होने के कारण ही है। नेपाल में तो प्रतिवर्ष लाखों पशुओं की बलि चढ़ा दी जाती है जो धर्म के आवरण में एक बर्बर कृत्य है। मेरे विचार में हिंसा का समर्थन धर्म नहीं, अधर्म है। मनुष्य ने अपने लम्बे विकास क्रम में जो महान मूल्य अर्जित किए हैं, अहिंसा और करुणा उनमें सर्वोपरि है। उन मूल्यों का मांसाहार से सीधा विरोध है। जो विचार दर्शन सारी सृष्टि में एक ही प्राणधारा का संचार मानता है और जीव मात्र में एक ही परम आत्मा को स्वीकार करता है वह मांसाहार का समर्थन किस तर्क से कर सकता है? इस सन्दर्भ में एक कुतर्क यह पेश किया जाता है कि अन्न की वनस्पतियों में भी तो जीवन-चेतना है, फिर उसे क्यों काटा जाता है। इसका एक उत्तर मुझे किसी उपनिषद् में मिला, जिसमें 'शस्य' शब्द का अर्थ बताया गया है—'वध्य'। स्पष्ट है कि उपनिषदकार ने वनस्पतियों को दो वर्गों में विभक्त किया है—एक जो वध्य हैं और दूसरी जो अवध्य। जिन वनस्पतियों से हम अन्न ग्रहण करते हैं वे 'वध्य' के अन्तर्गत आती हैं और उन्हें ही 'शस्य' कहा जाता है। वैसे किसी जीव के मांस की तुलना अन्न से करना एक कुतर्क है क्योंकि इस कुतर्क को खींचा जाएगा तो फिर 'नराहार' को भी जायज ठहराना होगा। इक्का-दुक्का ऐसे नराहारियों की खबरें कभी-कभी पढ़ने को मिल भी जाती हैं।

अब तो सारी दुनिया के चिकित्सा विज्ञानी यह स्वीकार करते हैं कि मांसाहार मनुष्य के स्वास्थ्य के लिए खतरनाक है। डायबिटीज, कोलेस्ट्राल, मोटापा और हृदय रोगियों के लिए तो निश्चय ही। नये आँकड़ों के अनुसार बताया जा रहा है कि मांसाहार भी ग्लोबल वार्मिंग का एक कारण है। संयुक्त राष्ट्र से जुड़े

पर्यावरणविद राजेन्द्र पचौरी ने कहा है कि मांस उत्पादों की वजह से 18 फीसदी ग्रीन हाउस गैसों का उत्सर्जन होता है। कार्बन डाइऑक्साइड, मीथेन व नाइट्रस ऑक्साइड जैसी ग्रीन हाउस गैसों का उत्सर्जन वाहनों से ज्यादा मांस उत्पादों से होता है। इतना ही नहीं पशुओं के मांस से भी कई प्रकार की ग्रीन हाउस गैसें निकलती हैं और उनको पकाने वाले ईंधन से भी। यह सन्तोषप्रद समाचार है कि बेल्जियम के गेंट नामक शहर में प्रत्येक गुरुवार का दिन शाकाहर दिवस घोषित किया गया है। इस दिन शहर के सभी लोग शाकाहार करेंगे। ऐसी घोषणा करने वाला, विश्व का यह पहला शहर है।

मांसाहार मनुष्य केन्द्रित चिन्तन का परिणाम है। मनुष्य का यह अहंकार कि वही इस सृष्टि का स्वामी है और वह शेष सृष्टि का जैसे चाहे उपभोग कर सकता है, मांसाहारी सोच की बुनियाद है। यह सोच स्वयं मनुष्यता के लिए आत्मघाती है और 'सरवाइवल ऑफ द फिटेस्ट' का पोषक। अर्थात् जो शक्तिशाली है वह निर्बल का वध कर सकता है। मैं सोचता हूँ यदि संविधान और कानून न होते तो मनुष्य मनुष्यों का भी वध कर देता जैसे कि वह मूक अशक्त पशुओं का कर दिया करता है। कानून उसके भीतर भय तो पैदा कर देता है, मगर करुणा और प्रेम वह नहीं पैदा कर सकता। जिस दिन मनुष्य सृष्टि के अन्य जीवों को भी अपने समान समझने लगेगा और उनके साथ भी वैसा ही व्यवहार करने लगेगा जैसा कि वह चाहता है कि उसके साथ हो, उसी दिन से वह अहिंसा के राज्य का नागरिक बन जाएगा। अहिंसा एक दुर्लभ और शक्तिशाली आविष्कार है जिसे मनुष्य ने अपनी लाखों वर्षों की विकास और विचार यात्रा में हासिल किया है। गाँधी कहते थे कि जिन ऋषियों ने अहिंसा का आविष्कार किया है वे मेधा में न्यूटन से बड़े थे और योद्धा के रूप में वेलिंग्टन से और भी बड़े। गाँधी अपने 'सत्य' को 'निर्गुण' और 'अज्ञेय' मानते थे। वे कहते थे कि सत्य सगुण और ज्ञेय तब होता है जब वह अहिंसा के वस्त्र पहन कर आता है। अहिंसा और मांसाहार के सम्बन्ध में उन्होंने एक दुर्लभ उपमान दिया है जिसे पढ़ कर कोई महान् शब्द शिल्पी भी उनसे ईर्ष्या करेगा। वे कहते हैं, ''किसी मांसाहारी का जीवदया की बात करना वैसा ही लगता है जैसे कोई नंगी स्त्री घूँघट निकाल रही हो।''

मैंने शुरू में कहा है कि मांसाहार का सम्बन्ध मुख्य रूप से मनुष्य की आदत और स्वाद से है। मगर अपने आत्म विश्लेषण से मैं गाँधी के इस निष्कर्ष को सही मानता हूँ कि ''स्वाद का सच्चा स्थान जीभ नहीं, बल्कि मन है।'' मन जिसे स्वीकार नहीं करता वह स्वादिष्ट नहीं हो सकता और जिस मन ने अहिंसा, करुणा और जीव मात्र की समानता को स्वीकार कर लिया वह मांसाहार को स्वीकार नहीं कर सकता।

यूरप के सहयात्री के घर में

साहित्य अकादेमी, दिल्ली, के सचिव ने जब सूचित किया कि मुझे लन्दन बुक फेयर में भाग लेने जाना है तो मैं असमंजस में पड़ गया कि हाँ करूँ या ना। कारण यह था कि 1999 में मैं लन्दन हो आया था और विदेश यात्राओं में होने वाली असुविधा के चलते पुनः वहीं जाने की भीतरी इच्छा नहीं हो रही थी। मगर तभी मुझे पुष्पिता का ध्यान आया जो पिछले कई वर्षों से यूरप यात्रा का निमन्त्रण दे रही है। जब वह सूरीनाम में भारतीय दूतावास से सम्बद्ध थी तब भी उसने सूरीनाम बुलाया था मगर मैं न जा सका और अब जबकि वह हालैंड में बस गयी है तब भी उसका फोन आता रहता है। कुछ दिनों पूर्व वह और उसके पति भगवान भारत आये थे तो दोनों गोरखपुर भी आये थे और यहीं से भगवान अपने पिता और माता के गाँव जो कि बस्ती और फैजाबाद जिलों में है, गये थे। उस समय भी उन्होंने मुझे हालैंड यात्रा के लिए प्रेरित किया था और आने-जाने तथा वहाँ रहने-घूमने का सारा खर्च भी स्वयं वहन करने का प्रस्ताव किया था। मुझे लगा कि यह अवसर उपयुक्त है और लन्दन पुस्तक मेले के बहाने मैं यूरप की यात्रा भी कर लूँगा जो कि अन्यथा मेरे लिए सम्भव नहीं होगा। अतः लन्दन बुक फेयर का निमन्त्रण स्वीकार करके मैंने ऐसा ही कार्यक्रम बनाया कि लन्दन से हालैंड और यूरप के कुछ अन्य देशों में होता हुआ भारत लौटूँ।

अलकमार स्थित पुष्पिता-भगवान के फ्लैट में प्रवेश करते ही मुझे लग गया कि मैं भारत के किसी आस्तिक हिन्दू के घर में हूँ। ड्राइंग रूम में नटराज की एक बड़ी-सी पीतल की प्रतिमा और उसके अगल-बगल सरस्वती, गणेश, राधाकृष्ण आदि हिन्दू देवी-देवताओं की मूर्तियाँ सजी थीं। हर कमरे की दीवार पर राजस्थानी कला में वस्त्राभूषित भारतीय स्त्री की बड़ी-बड़ी पेंटिंग्स लगी थीं। कार्यालय कक्ष के एक किनारे छोटा-सा पूजा स्थल जहाँ शीशे में मढ़ी काली-दुर्गा-शिव आदि सभी देवी-देवताओं के चित्र। बाकी मेज-कुर्सी, टी.वी.—फ्रिज, कम्प्यूटर उपकरण तो सभी सम्पन्न घरों में एक से होते हैं। हाँ, फर्श पर कालीन

अपने भूरे रंग के कारण कुछ अलग से आकर्षित कर रहा था। मैं किसी के बेडरूम में ताक-झाँक नहीं करता, सो उसके बारे में नहीं लिख पा रहा हूँ।

मैंने अपने सोने का आसन फर्श पर जमाया। यूरप के पलँग इतने स्प्रिंगदार और गद्दे इतने मोटे तथा मुलायम होते हैं कि मेरी किसानी काया को रास नहीं आते। अपनी रूस यात्रा में भी मैंने अपना शयन आसन अनिल जनविजय के फर्श पर ही जमाया था। ऐसे अवसरों पर मुझे आदिवासी क्षेत्रों में काम कर चुके एक वृद्ध लेखक श्री जगदीश त्रिगुणायत द्वारा सुनाई गयी आदिवासी कविता की एक पंक्ति याद आती है, जिसमें एक आदिवासी कहता है—''हम धरती पर इसलिए सोते हैं कि आधी रात के सन्नाटे में धरती माँ हमारे कान में कुछ कहती हैं।'' मैं कल्पना कर सकता हूँ कि धरती माँ अवश्य ही अपनी व्यथा का बयान करती होंगी। मगर मैं तो धरती पर नहीं उससे 12 फीट ऊपर पहली मंजिल के फर्श पर सोता हूँ। फिर मेरे कानों में इतनी संवेदना कहाँ कि धरती माँ की व्यथा सुन सकूँ। मुझे एक प्रसंग और याद आता है, जब लखनऊ के सूचना केन्द्र में अमृत राय जी अपने व्याख्यान में बार-बार 'जमीन' शब्द का प्रयोग कर रहे थे तो उन्हें टोकते हुए ठाकुर प्रसाद सिंह ने कहा था, ''अमृत राय जी, आप यह न भूलिए कि इस समय आप 'जमीन' से सिर्फ चालीस फीट ऊपर खड़े हैं।''

मैं बारह दिन तक पुष्पिता-भगवान का अतिथि रहा। इस अवधि में जहाँ भी गया, वे मेरे या मैं उनका सहयात्री रहा। स्वयं अपनी कार चला कर जितना यूरप दर्शन करा सकते थे, भगवान ने कराया। मेरे कार्यक्रम के लिए उन्होंने अपने सारे कार्यक्रम स्थगित कर दिए थे। वे मुझे कोकेन हाफ, देनहेल्दार, अम्स्टर्डम, एगमंड समुद्रतट आदि स्थानों के अतिरिक्त डसेल डार्फ (जर्मनी), पेरिस (फ्रांस), लक्जमबर्ग, रोटरडम आदि भी ले गये जिनके वर्णन पिछले पृष्ठों में हो चुके हैं। अपनी कार के लिए तेल-पानी तथा मेरे लिए भी दाना-पानी और छत की व्यवस्था उन्होंने स्वयं की। इसके अलावा बाजारों में मेरे लिए कुछ-न-कुछ खरीदने का आग्रह भी बराबर करते रहे। एक बार तो अम्स्टर्डम में जूतों की एक दुकान में मेरे लिए जबरदस्ती जूते खरीदने का आग्रह करने लगे। उन्होंने यूरप की सर्दी से बचाव के लिए मेरे वहाँ पहुँचते ही मुझे जो कोट पहना दिया था उसे भी साथ ले जाने के लिए कहने लगे। मैंने जब उसकी कीमत पूछी तो उन्होने 1800 यूरो (अर्थात् लगभग एक लाख रुपये) बताया। मैंने सब मना कर दिया और स्पष्ट कह दिया कि मैं यूरप से एक सुई भी साथ नहीं ले जाऊँगा। हाँ, कुछ किताबें या उनकी फोटो प्रतियाँ ले जा सकता हूँ।

भगवान का जन्म सूरीनाम में हुआ था जहाँ उनके पूर्वज भारत से गये थे। पारिवारिक और सूरीनामी परिवेश के कारण भगवान को भारतीय हिन्दू परम्परा

और हिन्दी का पर्याप्त ज्ञान है। मगर अब वे हालैंड में बस गये हैं और यूरप की भौतिक-आर्थिक प्रगति से प्रभावित हैं। मुझसे बातचीत में वे बराबर भारत और यूरप की तुलना करते हैं। तथा यूरोपीय रहन-सहन, वेशभूषा और जीवन को भारत से श्रेष्ठ बताते हैं। उनमें एक प्रकार का यूरोपीय आभिजात्य भी है। वे भारत में भ्रष्टाचार, घूसखोरी, बेईमानी और दुर्व्यवस्था से आहत हैं। वे यूरप में हो रही भारत की निन्दा से भी दुखी हैं। उनका कहना है कि वहाँ व्यापारियों के बीच यू.के., यू.एस.ए., चीन, जापान आदि पर तो विश्वास है, मगर इंडिया पर नहीं। वे भारत के हिन्दी लेखकों के आचरण और व्यवहार से भी सन्तुष्ट नहीं हैं। उनकी इन बातों से मैं भी सहमत हूँ और दुख मुझे भी बहुत होता है, मगर क्या करूँ? एक लेखक के रूप में मैं लिख ही तो सकता हूँ और अधिक-से-अधिक भारत के बदलने की कामना ही तो कर सकता हूँ। और एक व्यक्ति के रूप में अपना ही जीवन तो बदल सकता हूँ।

भगवान खान-पान में लगभग यूरोपीय हो चुके हैं। पुष्पिता को भी तो उनका अनुगमन करना ही है, पर उसमें हिन्दू धर्म विश्वास और कर्मकांड बचे हुए हैं। उसे भारतीय मानसिकता से मुक्त होने में अभी वक्त लगेगा। जो भी हो, दोनों मेरे खान-पान के प्रति बेहद सतर्क हैं। भगवान ने तो अने घर में मेरे पहुँचने के पहले ही घोषित कर रखा है—"भारत से पंडित नहीं, नवरात्र आ रहा है।" वे मेरे लिए मेरी रुचि के शाकाहारी खाद्य पदार्थ ले आते हैं। मुझे लिखते-पढ़ते देख कर कहते हैं, "आप मेरे साथ बैठो। घूमने आये हो, क्या हरदम यहाँ आना है?" पुष्पिता से कहते हैं, "अरे पंडित को खिलाओ-पिलाओ, नहीं तो वापस लौटने पर इनके घर के लोग हमें क्या कहेंगे?" उन्हें जब स्वयं उनकी रुचि की चीजें दिखती हैं लेकिन जिनसे मेरा परहेज है तो उन्हें खरीदने में अपनी विवशता जाहिर करते हुए पुष्पिता से कहते हैं, "लेकिन मेरे साथ साहब जो हैं।" 'साहब' अर्थात् मैं। पुष्पिता भारतीय खानपान और स्वाद से पूरी तरह परिचित है, अतः रसोई में ऐसी ही चीजें बनाती है जो मेरी रुचि और स्वाद के अनुकूल हों। वह मेरी सुविधा-असुविधा के प्रति पूरी तरह सजग है। यहाँ तक कि मेरा एक सेट कपड़ा भी उसने धोकर प्रेस कर दिया है। वहाँ से विदा होने के पूर्व उसने मेरी टेलीफोन डायरी, पासपोर्ट और पुस्तकों के कुछ जरूरी अंशों की फोटो कॉपी भी तैयार करके दे दी है। घर से हवाई अड्डे के लिए निकलते हुए भगवान मुझसे खर्च के लिए रुपये के बारे में पूछते हैं। मैं मना कर देता हूँ। फिर भी जबरदस्ती वे मेरी जेब में पचास यूरो यह कह कर डाल देते हैं कि बच्चों के लिए हवाई अड्डे से कुछ ले लूँ। वे दोनों मुझे अम्स्टर्डम हवाई अड्डे के उस स्थान तक पहुँच कर विदा करते हैं जिसके आगे किसी का भी प्रवेश प्रतिबन्धित है। वे दोनों वहाँ

तब तक खड़े रहते हैं जब तक सुरक्षा जाँच से गुजर कर मैं अन्दर नहीं पहुँच जाता। हमारे बीच कुछ ही मीटर का मगर एक अलंघ्य फासला है जो व्यक्ति और व्यक्ति के बीच शाश्वत है।

और अब मैं फिर अकेला हूँ। अकेले ही लौटना है मुझे लन्दन, बम्बई, दिल्ली होते हुए घर तक। मेरे मन में अपनी ही कविता की पंक्तियाँ घूम रही हैं :

लौटना पड़ता है
जो निकलते हैं
संन्यासी को कुटिया की ओर
पंछी को नीड़ की ओर
रक्त को हृदय की ओर
उद्‌गम को संगम
और संगम को उद्‌गम की ओर
लौटना पड़ता है
रास्ता चाहे जितना हो
ऊखड़-खाबड़, कीचड़-कबाड़
सुगम अगम मृदु मंजु और कठोर
लौटना ही पड़ता है
बादल को बर्फ
और बर्फ को बादल की ओर
यात्रान्त नहीं है यह
न दुखान्त न सुखान्त
एक अनुभव है अवश्यम्भावी
आदि-अन्त
सुख-दुख से परे
क्षितिज पर इन्द्रधनुष की तरह
दृश्य और अदृश्य।

गाँधी का 'हिन्द स्वराज' और यूरप की सभ्यता

'हिन्द स्वराज' जैसा कि गाँधी ने स्वयं कहा है, ''आधुनिक सभ्यता की सख्त टीका' है। गाँधी सभ्यता के बाह्य आवरणों को भेद कर उसके मूल स्रोतों तक जाते हैं। उसे परिभाषित करते हुए वे कहते हैं, ''सभ्यता वह आचरण है जिसके द्वारा आदमी अपना फर्ज अदा करता है। फर्ज अदा करना, अर्थात् नीति का पालन करना। नीति का पालन, अर्थात् अपने मन और इन्द्रियों को वश में रखना। इस प्रकार आचरण करते हुए हम अपने आपको पहचानते हैं; यही सभ्यता है। इसके विरुद्ध जो है वह असभ्यता है।'' इस कसौटी पर भारत ने जो सभ्यता विकसित की, गाँधी उसे दुनिया में श्रेष्ठतम मानते हैं। उस सभ्यता ने भोगेच्छा की सीमाएँ बाँध दी, स्पर्धा के स्थान पर सन्तोष को महत्त्व दिया, बड़े-बड़े नगरों की अपेक्षा छोटे-छोटे गाँवों में सन्तोष माना, तलवारों की अपेक्षा नैतिक शक्ति को बलवती माना, राजाओं की अपेक्षा नीतिमान पुरुषों को, यन्त्रों आदि के जंजाल में न पड़कर हाथ-पाँवों का उपयोग करने में ही सच्चा सुख महसूस किया। गाँधी के अनुसार जिस राष्ट्र की प्रजा की ऐसी प्रकृति हो, वह दूसरों को सिखाने योग्य है, किसी से सीखने योग्य नहीं। यहाँ यह विशेष रूप से रेखांकित करने योग्य तथ्य है, कि गाँधी जी भारत की साधारण जनता को पूर्ण सभ्य और निष्कलुष मानते हैं। उनके अनुसार गाँव का किसान जिसे अपनी खेती की कला और सामान्य दुनियावी ज्ञान है, जो माँ-बाप, स्त्री-बच्चों के प्रति अपना कर्तव्य समझता है, नीति नियमों का पालन करता है उसके लिए अक्षर ज्ञान का कोई महत्त्व नहीं है। अक्षर ज्ञान और आधुनिक अँग्रेजी शिक्षा में दीक्षित लोगों के प्रति गाँधी की धारणा बहुत खराब है। वे कहते हैं कि जहाँ रेल का उपद्रव नहीं पहुँचा है ''और जहाँ यह चांडाल सभ्यता नहीं पहुँची है वहाँ आज भी वैसा ही भारत विद्यमान है।'' उनके अनुसार ''भारत के महासागर के किनारों पर ही मैल जमा हो गया है। उस मैल से जो गन्दे हो गये हैं, उन्हें साफ होना है। ...भारत को सही रास्ते पर लाने के लिए

हमें स्वयं अपने को सही रास्ते पर लाना होगा। बाकी करोड़ों लोग तो सही रास्ते पर ही हैं।''

गाँधी जी अँग्रेजों की सभ्यता या यूरप की सभ्यता या पाश्चात्य सभ्यता को 'असभ्यता' कहते हैं। उनके अनुसार भारतीय सभ्यता आस्तिकवादी है, जबकि पाश्चात्य सभ्यता नास्तिकतावादी। पाश्चात्य सभ्यता शरीर सुख को सार्थक और पुरुषार्थ मानती है। उसे इस बात की चिन्ता है कि शरीर सुख कैसे मिले। उसमें नीति या धर्म की बात है ही नहीं। गाँधी के ही शब्दों में, ''यह सभ्यता तो अधर्म है, और यह यूरप में इस हद तक फैल गयी है कि वहाँ के लोग अर्धविक्षिप्त से दिखाई देते हैं। उनमें सच्ची शक्ति नहीं है; अपनी शक्ति वे नशे के बल पर कायम रखते हैं। एकान्त में वे बैठ ही नहीं सकते। स्त्रियों को, जिन्हें घर की रानियाँ होना चाहिए, गलियों में भटकना पड़ता है, या मजदूरी के लिए जाना पड़ता है।...यह ऐसी सभ्यता है कि इसकी लपेट में पड़े हुए लोग अपनी ही सुलगाई अग्नि में जल मरेंगे। पैगम्बर मुहम्मद की शिक्षा के अनुसार इसे शैतानी राज्य कहा जा सकता है। हिन्दू धर्म इसे घोर कलियुग कहता है।...यह सभ्यता नाशकारी और नाशवान है। इससे दूर रहना ही अच्छा है और इसी से अँग्रेजी की पार्लियामेंट और दूसरी पार्लियामेंट निकम्मी हो गयी हैं।'' गाँधी ने इंग्लैंड की पार्लियामेंट को वन्ध्या और वेश्या तक कह डाला है। 'वेश्या' शब्द इतना कठोर था कि अपनी एक महिला मित्र की इच्छा को मानकर उन्होंने इसे बाद में रद्द कर दिया।

यह संयोग ही है कि 'हिन्द स्वराज' के शताब्दी वर्ष (2009) में मैं यूरप की यात्रा पर रहा। इंग्लैंड, नीदरलैंड, जर्मनी, लक्जम्बर्ग, फ्रांस और बेल्जियम में बस, ट्रेन और कार से मैंने लगभग चार हजार किलोमीटर की यात्राएँ की। लन्दन, एडिनबर्ग, अम्सटर्डम और पेरिस जैसे बड़े और अनेक छोटे नगरों तथा कस्बों और गाँवों को देखने का अवसर मिला। वहाँ के लोगों के स्वभाव और व्यवहार को समझने का तथा वहाँ के भौतिक विकास के साक्षात् का मौका मिला। मुझे 'हिन्द स्वराज' की याद बराबर आती रही। बराबर यह प्रश्न मुझे बेधता रहा कि उस सभ्यता को गाँधी ने 'शैतानी सभ्यता' या 'असभ्यता' क्यों कहा था?

यूरप को प्रकृति ने सुन्दर बनाया है और वहाँ के मनुष्य ने उसे और सुन्दर बना दिया है। वह आर्थिक दृष्टि से खुशहाल है, ज्ञान-विज्ञान में उन्नति के शिखर पर है। वहाँ के नगर भव्य और सुन्दर हैं। नदियाँ प्रदूषण से मुक्त हैं। सड़कें मजबूत, स्वच्छ और चमचमाती हुई हैं। स्त्री, पुरुष और बच्चे स्वस्थ, सुन्दर और कुपोषण के शिकार नहीं हैं। वहाँ का जीवन-स्तर ऊँचा है। कोई भीख माँगता नहीं दिखता, कोई खुले में हर जगह पाखाना-पिशाब करता नहीं दिखाता, कोई सड़क पर गन्दगी फेंकते नहीं दिखता। वहाँ के लोग स्वाधीन हैं। उनमें राष्ट्रीयता,

कर्तव्यबोध और ईमानदारी है। उनमें सफाई और समयबद्धता है। स्त्री और पुरुष को लगभग समान अधिकार प्राप्त हैं। वे प्रेम विवाह कर सकते हैं और बिना विवाह के भी साथ रहते हैं। वे काम के आधार पर किसी को छोटा-बड़ा नहीं समझते। जाति की तो वहाँ अवधारणा ही नहीं है। खाने-पीने की चीजों में कोई मिलावट नहीं है। मैं मन में लगातार भारत की तुलना यूरप से करता जा रहा था और वहाँ के भारतीयों से सुनता भी जा रहा था। भारत की कमियाँ गिनाते वे थकते नहीं थे और उनके कथनों में सचाई है। नीदरलैंड भारत के एक छोटे से राज्य पंजाब या हरियाणा के बराबर है, लेकिन उसकी आय भारत जैसे विशाल देश से ज्यादा है। भारत में गरीबी है, बेरोजगारी है, अशिक्षा है, भ्रष्टाचार है, असमानता और जातिवाद है। लोकतन्त्र यूरप में भी है पर अनुशासित, स्वच्छ और पारदर्शी। वहाँ कोई नेता भ्रष्ट नहीं है, बल्कि कदाचारी व्यक्ति चुनाव लड़ ही नहीं सकता, जिसके विरुद्ध मीडिया में कुछ छप जाता है उसे तुरन्त त्यागपत्र देना पड़ता है। किसी भी सत्ताधारी, चाहे वह राष्ट्रपति हो या प्रधानमन्त्री को कोई विशेषाधार प्राप्त नहीं हैं। किसी को कोई सरकारी सुरक्षा प्राप्त नहीं है। जनता पर नौकरशाही का कोई आतंक नहीं है। किसी नौकरशाह को कोई विशेत्र सुविधा नहीं है। मैं सोचता हूँ कि यूरपवासी इस स्तर पर अपनी ही सभ्यता के द्वारा पहुँचे हैं। फिर गाँधी ने इस सभ्यता को 'असभ्यता' या 'शैतानी सभ्यता' क्यों कहा?

इस 'क्यों' के उत्तर के लिए गाँधी की 'सभ्यता' की अवधारणा को गहराई से समझना होगा। मैंने ऊपर जो कुछ कहा है और जिस आधार पर यूरप की भारत से तुलना कर रहा हूँ उसमें से बहुत कुछ को गाँधी सभ्यता की निशानी नहीं मानते। यूरप में 'विकास की अवधारणा' और 'सभ्यता की अवधारणा' एक है। गाँधी के लिए 'विकास' और 'सभ्यता' की अवधारणाएँ अलग-अलग हैं। यह कोई जरूरी नहीं कि जो भौतिक, आर्थिक और यान्त्रिक दृष्टि से विकसित हो, वह सभ्य भी हो। गाँधी के अनुसार अपने मन और इन्द्रियों को वश में रखना सभ्य होने की बुनियादी कसौटी है। भोग से भोग की इच्छा बढ़ती है, अतः मन की चंचल वृत्तियों पर नियन्त्रण होना चाहिए। यह गाँधी की नैतिक दृष्टि है जो भौतिक समृद्धि के परे देखती है। जो स्पर्धा की पागल दौड़ को सभ्यता नहीं मानती। गाँधी यन्त्र को नहीं, यन्त्र का मनुष्य पर पड़ने वाले दुष्प्रभावों को देखते हैं। जो मनुष्य की मनुष्यता को क्षतिग्रस्त करते हैं और उसको नैसर्गिक क्षमता का नाश करते हैं। यदि यान्त्रिक विकास से नैतिक विकास नहीं होता तो वह व्यर्थ है। गाँधी मनुष्य और मनुष्यता के बुनियादी लक्ष्य को देखते हैं। वह लक्ष्य है सुख और शान्ति। इसे आत्मसंयम, सादगी, त्याग, करुणा आदि नैतिक गुणों से ही प्राप्त किया जा सकता है। गाँधी के विकास की कसौटी अन्तिम आदमी

(The last man) का विकास है। वे बड़े-बड़े नगरों को सभ्यता की निशानी नहीं मानते। वे ग्रामस्वराज्य और प्रत्येक व्यक्ति के स्वराज्य की बात करते हैं। पूँजी, सत्ता और साधनों के केन्द्रीकरण से सभ्यता और संस्कृति का भी केन्द्रीकरण होने लगता है। परिणामतः बड़े-बड़े नगर सभ्यता और संस्कृति के केन्द्र बन जाते हैं। यूरप में ऐसा ही हुआ और वहाँ रोम और एथेंस जैसे नगर केन्द्र बने इसलिए जब उन नगरों का पतन हुआ तो वहाँ की संस्कृति भी नष्ट हो गयी। आज भी यूरप में लन्दन, पेरिस, बर्लिन, अम्सटर्डम जैसे नगर और लूव्र जैसे संग्रहालय वहाँ की सभ्यता और संस्कृति के केन्द्र हैं। भारत में ऐसा नहीं था। यहाँ की सभ्यता और संस्कृति लोक में व्याप्त थी। इसलिए हजारों वर्षों के आक्रमणों और पराजयों तथा विदेशी संस्कृतियों के दबावों में भी वह जीवित रही। इतिहासकार ए.एल. बाशम ने ग्रीस, इजिप्ट और भारत इन तीन प्राचीन देशों का फर्क स्पष्ट करते हुए रेखांकित किया है कि ग्रीस और इजिप्ट में जहाँ उनका वर्तमान अतीत से टूटा हुआ है वहाँ भारत की परम्पराएँ अविच्छिन्न हैं। प्रो. बाशम को आश्चर्य होता है कि कैसे कोई जाति अपनी संस्कृति को संग्रहालय में नहीं, बल्कि दैनिक व्यवहार में कई हजार साल तक जीवित रख सकती है। (The wonder that was India)। इकबाल के इस कथन में कि 'यूनानो मिश्र रूमा सब मिट गये जहाँ से', लेकिन 'कुछ बात है कि हस्ती मिटती नहीं हमारी'—में यही बात है। गाँधी को भारत की करोड़ों निरक्षर जनता की निष्कलुषता पर अटूट विश्वास है और उनका यह विश्वास सच है। भारत के बारे में जितने विदेशियों ने निष्पक्ष होकर लिखा है, भारतीयों की सच्चरित्रता की प्रशंसा ही की है। कर्नल स्लीमैन (1788-1856) के भ्रमणवृत्तान्त (Rambles) भारतीय ग्रामवासियों की सत्यनिष्ठा और ईमानदारी के प्रमाण हैं। मैक्समूलर का यह मत अत्यन्त महत्त्वपूर्ण है कि भारतविषयक जिज्ञासा की शान्ति के लिए प्रत्येक जिज्ञासु को भारत के गाँवों में ही जाना चाहिए जहाँ वास्तविक भारत के दर्शन किए जा सकते हैं। गुंटर ग्रास, वी.एस. नायपाल और नीरद चौधरी केवल भारत की गरीबी का दर्शन करके रह गये। उनके लिए आर्थिक उन्नति ही सभ्यता की कसौटी रही। वे उसे भेद कर भारतीय मानस की उस उज्ज्वलता तक नहीं पहुँच सके जहाँ गाँधी पहुँचे थे। गाँधी ने सही लक्ष्य किया है कि भारत ने हमेशा किसी राजा, सेनापति, शूरमा, धनवान, बलवान और ज्ञानवान की अपेक्षा सन्तों, भक्तों और तपस्वियों को महत्त्व दिया। बुद्ध को इसलिए महत्त्व मिला कि उन्होंने राज्य छोड़कर संन्यास ग्रहण किया। अशोक को तब महत्त्व मिला जब वह 'धम्म' की शरण में गया। रामकृष्ण परमहंस के जल्दी-जल्दी भावाविष्ट होने वाले व्यक्तित्व के बारे में उनके जीवनी लेखक रोमा रोलाँ लिखते हैं कि यदि वह यूरप में होते तो उनकी बड़ी दुर्दशा होती। वहाँ इस बालक

को निश्चय ही मानसिक चिकित्सा के कठोर कानून के अनुसार किसी पागलखाने में भेज दिया जाता और इस प्रकार जानबूझ कर कुछ ही दिनों में धीरे-धीरे यह अग्निशिखा शान्त कर दी जाती। जादू का दीपक बुझ जाता।

पश्चिमी विचारकों और भारत में शासक बन गये अंग्रेजों ने भारत की हजारों वर्ष पुरानी सभ्यता को 'सभ्यता' के रूप में देखा ही नहीं। वे उसे रूढ़िवादी, पिछड़ा, जंगली और नेटिव कहते रहे तथा उसे अन्धविश्वास में लिपटा हुआ मानते रहे। अधिकांश विदेशी विचारकों की दृष्टि भारत के बारे में नकारात्मक रही। लार्ड मैकाले इनमें प्रमुख थे। 1818 ई. में अपनी पुस्तक 'हिस्ट्री ऑफ ब्रिटिश इंडिया' में जेम्स मिल ने अत्यन्त दुर्भावना के साथ भारतीयों के चरित्र को दुगुर्णों के पुंज के रूप ने चित्रित किया। इन लेखकों में अपनी यूरोपीय श्रेष्ठता का बोध था। इनकी दृष्टि साम्राज्यवादी और औपनिवेशिक थी। भारत को सभ्य बनाने के लिए उन्होंने अँग्रेजी शिक्षा के माध्यम से अपने शासन का ढाँचा खड़ा किया, अपने रहन-सहन, बोली-बानी, आचरण-व्यवहार, वेशभूषा को आधुनिक और श्रेष्ठ बताकर भारतीयों में हीनता का बोध पैदा किया। अँग्रेजी शिक्षा प्राप्त बुद्धिजीवी उनके अनुकरण में सबसे आगे रहे और कहना न होगा कि आज तक आगे हैं। आधुनिक पाश्चात्य सभ्यता ने भारतीय बुद्धिजीवियों के भीतर ऐसी तोड़-फोड़ की कि वे अपनी जीवनदृष्टि के प्रति शंकालु हो गये और इस आत्मसंशय ने उनकी जड़ें काट दीं। आज 'धर्म, 'आस्था', 'नैतिकता' आदि शब्दों का अर्थ संकोच इसका उदाहरण है। निर्मल वर्मा 'भारत और यूरोप : प्रतिश्रुति के क्षेत्र की खोज' शीर्षक निबन्ध में इस स्थिति का सूक्ष्म और गम्भीर विश्लेषण करते हुए लिखते हैं—''अँग्रेजों ने जो विविध प्रशासनिक और राजनीतिक नीतियाँ अपनाईं उन्होंने भारतीय संस्कृति को उसके उस प्राकृतिक आवास से ही उन्मूलित कर दिया, जहाँ से वह अब तक अपना अन्तर्निष्ठ स्वरूप पाती रही थी। यह आवास उन मिथकों, प्रतीकों, ईश्वर की छवियों और आस्थाओं से बना था जो अपने अन्तःग्रन्थित रूप में ही भारतीय जीवन को अर्थवत्ता देता था। किन्तु ज्यों ही पश्चिम के ऐतिहासिक हस्तक्षेप ने भारतीयों को उनके इस सांस्कृतिक आवास से विस्थापित किया, ये मिथक, विश्वास और आस्थाएँ टूट-बिखर कर सिर्फ एंथ्रापोलॉजिकल (मानवशास्त्रीय) अवधारणाएँ बनकर रह गयीं। जीवन का स्रोत नहीं सिर्फ अध्ययन और शोध की सामग्री मात्र। जैसे ही एक भारतीय यूरोपीय सन्दर्भ में 'इतिहासीकृत' हुआ, वैसे ही अपने पारम्परिक आत्म संस्कारों से वंचित भी हो गया। एक हिन्दू की विज्ञान और 'तर्कणामूलक' ज्ञान में 'मुक्तिदायक' आस्था के बढ़ने के साथ ही उसके संस्कारों और अनुष्ठानों, मिथकों और प्रतीकों के उस विन्यास को गम्भीर क्षति पहुँची, जिससे उसका धर्म निर्धारित होता था और जिसके सहारे वह 'विश्व प्रपंच

के पाठ' को पढ़ता था। देवी-देवता वही थे, अनुष्ठानों को पूरी मर्यादा और सम्मान से सम्पन्न किया जाता था, अतीत की स्मृति को धार्मिक त्योहारों में और जीवन की अर्थवत्ता को महाकाव्यों और पुराणों के पाठ से लगातार पुनरुज्जीवित किया जाता था। लेकिन वे सामाजिक संस्थाएँ जिनमें हिन्दू अपने होने का तर्क पाता था और जिसके सहारे ये संस्थाएँ अदृश्य आत्मन् और उसकी प्रत्यक्ष देह के बीच की अनिवार्य कड़ी साबित होती थीं—दो शब्दों में कहें तो भारतीय मनुष्य और उसके आत्मन् (सेल्फ) को जोड़ने वाले सेतु स्थल यदि पूरी तरह नष्ट न भी हुए, तो भी उनमें दरारें पड़ गयीं।

यूरोपीय उपनिवेशवाद ने भारतीय चेतना के ठीक बीच में एक परछाईं, एक फाँक पैदा कर दी। परम्परा जो जीने का एक सहज ढंग थी, बहिरंगीकृत होकर अतीत की वस्तु बन गयी, और यूरप जो बाह्य तत्त्व था, आत्मा में लोहे की तरह गड़ने लगा। यह वह लोहा था जिसके साँचे में भारत को अपने भविष्य की नियति को ढालना था।''

पश्चिमी विचारकों ने भारत के अतीत की प्रशंसा की, लेकिन इस पर विचार नहीं किया कि उसका अतीत अभी भी 'वर्तमान' है। उन्होंने यह नहीं देखा कि भारत आज भी हिंसक और साम्राज्यवादी नहीं है, भौतिकता के पीछे पागल नहीं है, शराब और नशे में डूबा नहीं है। इन्द्रिय सुख और अपने वर्तमान को ही सब कुछ मानने वाला नहीं है। ऐसी सभ्यता को उन्होंने अपनी श्रेष्ठता के दम्भ में पिछड़ा हुआ माना। गाँधी जी ने उनके इस षड्यन्त्र को समझा और 'हिन्द स्वराज' के रूप में अपनी अस्मिता का उद्घोष किया। 'हिन्द स्वराज' में गाँधी जिस आत्मविश्वास के साथ पश्चिमी सभ्यता को चुनौती देते हैं वह देखने लायक है। वास्तव में यह भारतीय सभ्यता की श्रेष्ठता का प्रथम घोषणा पत्र है। भौतिकवाद और देहवाद के विरुद्ध अध्यात्म का, हिंसा के विरुद्ध अहिंसा का, शस्त्रबल के विरुद्ध आत्मबल और नैतिकबल का, अनास्था के विरुद्ध आस्था का यूरप का चिन्तन मनुष्यकेन्द्रित अर्थात् मनुष्य को सर्वोपरि मानने वाला है, भारतीय चिन्तन ईश्वर और प्रकृति को। एक अपने वर्तमान में जीता है, दूसरा इस जीवन के परे भी विश्वास करता है। एक के लिए देह सुख पर्याप्त है, दूसरा देह में देही की कल्पना करता है। एक 'अर्थ' और 'काम' को महत्त्व देता है, दूसरा 'धर्म' और 'मोक्ष' को। यह दो सभ्यताओं का द्वन्द्व है जिसमें दूसरा, एक का उल्टा है। अपने उपर्युक्त निबन्ध में, गाँधी के निष्कर्षों की ओर ही संकेत करते हुए, निर्मल वर्मा कहते हैं, ''एक ऐसे ज्ञान की लिप्सा जिसका लक्ष्य भौतिक समृद्धि प्राप्त करना हो, क्या अपने में नैतिक दृष्टि से भ्रष्ट नहीं है। और यह भौतिक लिप्सा क्या शैतान की शक्ति का प्रतीक नहीं है जिसके अँग्रेज शासक और व्यापक यूरोपीय

समाज जीवन्त उदाहरण थे? और इस शैतान की ओर भागना जिससे मोक्ष प्राप्ति की सम्भावनाएँ तक नष्ट हो जाती हैं, क्या यह एक संस्कृति का जानबूझ कर अपना ही संहार करने का प्रयास नहीं था?''

आज हम जिस युग में जी रहे हैं वह पूँजीवादी, उपभोक्तावादी, सूचना क्रान्ति और टेक्नोलॉजी का युग है। मनुष्य अपने अंहकार में आविष्कार पर आविष्कार करता जा रहा है। प्रकृति उसके सामने भय से काँप रही है। सभी, बिना यह जाने कि कहाँ जाना है, भागे जा रहे हैं। उनकी भोगेच्छा जितनी तृप्त होती है उतनी ही अतृप्त होती जाती है। सबके विकास का आदर्श एक है—अधिक से अधिक पैसा और अधिक से अधिक उपभोग। विचारक, पर्यावरणविद्, समाजशास्त्री, अर्थशास्त्री,वैज्ञानिक, मनोवैज्ञानिक, इस महाजाल और महाज्वाल के खतरे को भाँप कर सचेत कर रहे हैं। स्तरीय पत्रिकाओं में अनेक शोधपरक आलेख रोज प्रकाशित हो रहे हैं कि दुनिया नष्ट होने के कगार पर है। कि टेक्नोलॉजी मनुष्य विरोधी है। कि प्रकृति का दोहन सर्वनाश को आमन्त्रण है। कि ग्लोबल वार्मिंग से जीवन को खतरा है। कि पानी के संकट से लोग तड़प कर मर जाने वाले हैं। कि जल्दी ही अनेक असाध्य रोगों का हमला होने वाला है। कि मानवेतर प्राणियों की हजारों जातियाँ समाप्त हो गयीं और हजारों समाप्त हो जाने वाली हैं। लेकिन विडम्बना यह कि इस प्रकार की चेतावनी भी प्राय: वहीं से मिल रही है जहाँ की सभ्यता इसका मुख्य कारण है। देरिदा ने अपने एक इंटरव्यू में कहा है कि आतंकी हमलों के लिए अब किसी हवाई जहाज या बम की जरूरत नहीं है। देश के आर्थिक, सैनिक और राजनैतिक संसाधनों को तहस-नहस करने में सक्षम किसी वाइरस या इसी तरह के तत्त्व को सिस्टम में प्रवेश करा देना भर काफी होगा। ऐसा प्रौद्योगिकी विज्ञान के कारण सम्भव हुआ है। भविष्य में 11 सितम्बर से भी भयानक घटना सम्भव है, केवल कम्प्यूटर अथवा सूचना पद्धति पर हमला करके। सभी तरह की नैनो, प्रौद्योगिकियाँ नियन्त्रण से एकदम बाहर कहीं भी घुस जाने में सक्षम हैं। (पक्षधर, अंक 7, जनवरी, 2009)। अनेक वैज्ञानिक सचेत कर रहे हैं कि रोबोट एक दिन मनुष्य के आदेशों की अवहेलना करके मानव जाति का ही संहार कर देगा। टेक्नोलॉजी Skill को महत्त्व देती है, मनुष्य को नहीं। हर नयी टेक्नोलॉजी पुरानी को कूड़े पर फेंक देती है। अमेरिका, ब्राजील, आस्ट्रेलिया आदि के वैज्ञानिक भारत के मध्यप्रदेश में एक शोध कर रहे हैं जिससे पता चलता है कि प्रकाश प्रदूषण के चकाचौंध के कारण मनुष्यों में मेलाटोनिन हार्मोन की मात्रा घटती जा रही है जो कि आदमी को लम्बी उम्र देता है। यह गहरी नींद के लिए भी जरूरी है, जो कि महानगरों में रह रहे लोगों के मुकाबले ग्रानीण लोगों में ज्यादा अच्छा होता है। नगरों के झोपड़पट्टियों में लोग नारकीय जिन्दगी

जी रहे हैं। 80 प्रतिशत कार्बन डाइऑक्साइड नगर छोड़ रहे हैं जो ग्लोबल वार्मिंग का कारण है। भारत में गाँवों के युवक पलायन कर रहे हैं और किसान आत्महत्याएँ कर रहे हैं। गाँधी के नगरीकरण विरोध और ग्राम स्वराज को क्या यह कोई अर्थ नहीं देता? रातों-रात करोड़पति बनने की हवस के चलते जिन रासायनिक खादों और दवाइयों का इस्तेमाल हो रहा है उनसे धरती वंध्या हो रही है और अनेक असाध्य रोग पैदा हो रहे हैं। सूचना क्रान्ति की अनन्त वायु तरंगों की आवाजाही के कारण छोटे-छोटे पक्षियों का विनाश हो रहा है। अभी जुलाई, 2009 में प्रिंस चार्ल्स (प्रिंस आफ वेल्स) का लन्दन से बयान छपा है कि दुनिया को बचाने के लिए सिर्फ 96 माह का समय शेष है। उन्होंने पूँजीवाद और उपभोक्तावाद की अन्धी दौड़ को इसका कारण बताया है और कहा है कि हम आर्थिक और पर्यावरणीय ढाँचे के विनाश के कगार पर खड़े हैं। प्राकृतिक साधनों के दोहन के कारण प्राकृतिक आपदाएँ कहर बरसाने लगी हैं और बैंकों की तरह धरती का खजाना खाली हो रहा है। क्या ये सभी बातें आज के सौ वर्ष पहले 'हिन्द स्वराज' में नहीं कही गयी थीं? 'हिन्द स्वराज' को बैलगाड़ी के युग में पहुँचाने वाली पुस्तक कहने वालों से पूछिए कि उपर्युक्त भयावह परिस्थितियों का स्थायी इलाज क्या है। आज के वैज्ञानिक शोधकर्ता, जो अधिकांश पश्चिम के ही हैं, मानव भविष्य का जो डरावना चित्र प्रस्तुत कर रहे हैं उससे तो लगता है कि 'हिन्द स्वराज' की मूल भावना सही है और पाश्चात्य सभ्यता के बारे में गाँधी की टिप्पणी भी विचारणीय है।

❑ ❑ ❑